国学国艺必读丛书

道德经全集

册四

北京联合出版公司

【生命智慧　蕴藉无穷】

第七十一章

题解 本章是从老子对于知与不知的态度上来说的，强调人要有自知之明。知道就是知道，不知道就是不知道，这才是真正的智慧。但世人却往往拘泥于自己有限的知识而妄自尊大，如此一来，恰如坐井观天，便再也难以有所长进了。

老子指出，要破除狭小眼界的局限，使思维得到解放，才不至于因走进了认知的死胡同而丧失探求真理的动力。不少学识渊博的人很容易钻牛角尖，因为他们过于自信，认为自己已穷尽所有。

但庄子却说：『吾生也有涯，而知也无涯。』生命短暂，而世界却是无限的，将有生之年所见所闻与整个世界相比，

杏坛礼乐

孔子的『知之为知之，不知为不知，是知也』与老子『不知知，病也』的论断字句不同，意思却相通。图为孔子向弟子讲授礼乐的情景。

永远都是无知的。所以老子提出要正视自己的无知，将其当作一种弊病，只有如此才会不断超越。所以，这里的『不知』，决不是一种不思进取，而是具有了一种韬光养晦的含义。

原文　**知不知，尚矣；不知知，病也**①。〇河上公《老子章句》：知道言不知，是乃德之上。不知道言知，是乃德之病。〇王弼《道德真经注》：不知知之不足任则病也。**圣人不病，以其病病。夫唯病病，是以不病**。〇韩非子《喻老》：越王之霸也不病宦，武王之王也不病詈。〇陈致虚《道德经转语偈》：大人之病病当心，不用药医只用针。针得血脓俱下了，脱除痨瘵似观音。

注释　①病：毛病、缺点。

译文　知道自己还有所不知，很高明；不知道却自以为明白，这是缺点。明于大道的圣人没有缺点，因为他能够把缺点当作缺点。正是因为他把缺点当作缺点来看，所以他才能改正缺点，从而没有缺点。

读解心得　与恍惚迷离的『道』相比，人的视野实在是太过狭窄了。《庄子·养生主》说：『吾生也有涯，而知也无涯，以有涯随无涯，殆已！』个人从来都不会比自然更伟大，在自然面前必须承认自己存在的渺小和认识的有限，盲目自大只会贻误终生。孔子也说：『知之为知之，不知为不知，是知也。』（《论语·为政》）无知是不可避免的，但这并不能作为犯错误的借口，必须懂得勇敢面对自己无知的重要性，才能避免因无知所造成的错误。

老子认为『知不知』才是真正的智慧，但他并非想要摒弃我们所谓的知识和智慧。以『不知』为智，乃是老子通过将人的『小智』与宇宙间的『大智』进行对比才得出的。任何事物只要与广阔的宇宙相比较，就统统显得太过渺小了，人类只有认识到这一点进而谦卑自处，才不会因盲目自大而做出蠢事。在老子看来，『病』不是错误，『病病』更不是被动的承受。不能因为错误是不可避免的就将错就错，而任由其恶化下去。任何事物都有它的两面性，有一弊，则必有一利。老子之所以将『病病』看成是一种符合『道』的正确行为，就是因为他清醒地认识到，承认错误是避免进一步犯错的必要前提。这也正符合于他『大成若缺』的观点，即一切皆无绝对的完美可言，追求完美是徒劳的，那么不如『抱残守缺』，建立起一套自我弥补的机制，来逐渐地趋于稳定，趋于『常』与『大』。

可笑的是，往往社会地位越高学识越广，『不知知』的毛病就越明显。这正如同在纸上画圈，什么都没画的时候会认为纸很大，画圈之后就认为圈内的东西多了，外面的世界小了，殊不知宇宙这张白纸是无限的。眼界越宽，就越要善于自我反省。春秋时期卫国大夫蘧伯玉就是一个谦虚谨慎善于自我反省的人。有一天，蘧伯玉差人到鲁国去看望朋友孔子，孔子询问来人蘧伯玉的近况，来人回答说：『蘧伯玉正想减少自己的过错，可却苦于做不到。』此人走后，孔子对弟子说：『这个人很了解蘧伯玉啊。』

西施

吴越交战，越败于吴，越王勾践被迫屈膝求和，携妻将臣入吴为质三年。勾践归国后，发誓洗刷这奇耻大辱，采用文种提出的『美人记』。几经寻觅，终于得苎萝山下浣纱女西施。

周处长桥搏蛟

周处年少时纵情肆欲，为祸乡里，后浪子回头，改过自新，功业更胜其父周鲂，留下『周处除三害』的传说。吴亡后周处仕西晋，刚正不阿，得罪权贵，被派西北讨伐氐羌叛乱，遇害沙场。

据说蘧伯玉每一天都要反省前一天所犯下的错误，力求今日之后不会再犯。就这样，他每一年都会反省前一年的不足，到了五十岁的时候，依然在思考之前所下犯的错误。所以《淮南子》说他『年五十而知四十九年非』。由此看来，一个人学识越丰厚，思想越深刻，他的态度就应该越谦卑。

老子说古时那些行为合乎『道』的贤者『豫兮若冬涉川；犹兮若畏四邻；俨兮其若客；涣兮若冰将释』。看起来行事卑微，毫不洒脱，但那正是因为他们对『道』深刻理解之后内心感受的真实写照。

經典事例

东施效颦

春秋末年，越国有一位绝世美女，名叫西施。西施的容貌之美简直到了倾国倾城的程度。不论是她的举手投足，还是音容笑貌，都十分惹人喜爱。西施平时只着淡妆，服饰也很朴素，但不管走到哪里，都没有人不惊叹她美丽的容貌。

西施一直有心口疼的毛病。一天，她走在街上，又犯病了，于是她手捂着胸口，双眉微微皱起，无意之中流露出一种娇媚柔弱之美。路上的人无不睁大眼睛注视着她，认为她这一皱眉，显得更加美丽了。

西施住在若耶溪西岸，在东岸住着一个丑女子，名叫东施。东施不但相貌难看，而且很没有修养。她平时举止粗俗，却整日做着成为美女的梦。她每天浓妆艳抹，还总是穿着华丽的衣服，可是没有一个人说她长得漂亮。

东施听说西施很美丽，就时常注意观察她。这天，她见西施双手捂着胸口、紧皱双眉的样子竟然博得那么多人的青睐，很是羡慕。东施回去以后，也模仿西施的样子，手捂胸口、紧皱双眉，在村子里走来走去。没想到，东施的矫揉造作使她原本就丑陋的模样更加难看了。结果，村子里的富人看见她的这种怪模样，马上紧紧把门关上；穷人看见她走过来，马上带着孩子远远躲开。大家看到这个模仿西施在村子里走来走去的丑女人，简直就像见了瘟神一样。

相貌丑陋的东施只知道西施捂胸、皱眉的样子很美，但却不知道她为什么会这么美。东施简单模仿西施的样子，结果适得其反，被人讥笑，这正是『不知知』的表现。

周处除三害

周处是西晋初年有名的清官。他做广汉太守的时候，当地原来的官吏腐败成风，积案如山，甚至有三十年没处理的。周处到任之后不久，就把积案全都认真地处理完了。后来他被调到京城做御史中丞，无论皇亲国戚，只要违反国法，他都敢大胆揭发。

周处原本是东吴义兴人。他年轻的时候，身材魁伟，力大过人。他小的时候，父亲就死了，他从小缺乏管束，整天在外面游荡，不爱读书，而且他的脾气暴躁，经常出手伤人，甚至拔刀相向，义兴当地的百姓都害怕他。

当时，义兴邻近的南山上有一只白额猛虎，经常下山伤害百姓和家畜，连当地有名的猎户也制服不了它；当地的长桥下面，有一条大蛟，经常出没。人们就把周处和南山白额虎、长桥大蛟并称为义兴『三害』。而在这『三害』当中，最使老百姓感到害怕的还是周处。

周处听说了本地的『三害』，就去询问邻居家的老人。老人告诉他，一害是南山上的白额猛虎，二害是长桥下面的蛟龙。该说第三害了，老人却闭口不语。周处性急，非让老人说出来不可。老人就说：『这第三害，就是欺压乡里的恶人。』周处没有想到这第三害指的是他自己，就说：『这「三害」又算得了什么，我这就去除掉它们。』

第二天，周处果然背着利剑，带着弓箭，上山找虎去了。他到了丛林深处，只听见一声虎啸，从不远处窜出了一只体格健壮的白额猛虎。周处往旁边一闪，躲到了大树后面，拈弓搭箭，向猛虎射去，正好射中猛虎前额，猛虎顿时气绝身亡。

周处下了山，把这件事告诉了乡里，有几个猎户到山上把死虎扛了下来。大家都高兴地向周处表示祝贺，周处说：『先别忙，等我去斩杀了长桥的蛟！』

周处换了身衣服，带着刀剑跳到水里去找蛟了。那条蛟藏在江水深处，发现有人跳下水，就浮上来咬。周处乘机在蛟身上猛刺一刀。那蛟受了伤，就向江的下游逃窜。

周处见蛟没有被杀死，就紧跟在后面，蛟向上浮，他也往水面游；蛟向下沉，他就往水里钻。这样一沉一浮，一直追了数十里。

过了整整三天三夜，周处还是没有回来。这时大家议论纷纷，以为周处和蛟一定是两败俱伤，都死在江底了。这下『三害』已除，大家都欢呼雀跃，互相庆贺。

没想到，到了第四天，周处竟然安然无恙地回来了。原来那条大蛟受伤之后，被周处一路紧追，后来流血过多，终于被周处斩杀。

周处回到家中才知道，人们以为他已经死去，都非常高兴。直到这时他才明白，原来他自己就是『三害』之首。

周处痛下决心，决定离开家乡前往吴郡找老师学习。当时吴郡有两个名人，一个叫陆机，另一个叫陆云。周处就去找他们，陆机有事出门去了，只有陆云在家。

周处见到陆云之后，就把自己的想法诚恳地向陆云坦白了。陆云觉得周处年纪还轻，及时改过，将来还可能成为栋梁之才，于是就收下了周处。

从此以后，周处一边跟随陆机、陆云学习，发愤读书；一边注意自己的道德修养。他勤奋好学的精神得到了人们的称赞，后来终于成为晋朝有名的大臣。

周处正是因为能够及时改过，才从一个横行乡里的恶少成长为一代贤臣。他年轻时犯下的过错不能说不多，但他及时认识到自己的过错并痛改前非，才成就了大事，这就是所谓的『夫唯病病，是以不病』。

第七十二章

题解 本章是对统治者提出的讽谏，颇有警世之意。老子所谓的『圣人』，应该含威不露，了解并爱惜自己决不自抬身价。统治者只有具备『圣人』的智慧，才能够善待民众，不被民众所厌弃，这是一种具备足够的自知与知人之明的人。

统治者一旦失去了自知之明，妄自尊大，置人民于水火而不顾，欺压和剥削人民，则会失去民心，失去了民心，就会落得个众叛亲离、身首异处的可悲下场。世人多数沉迷在对于金钱、权势、名誉的欲求之中，但他们却又因此而迷失了自我，根本无法得知自己真正需要什么。人应该自尊、自爱，更要有自知之明。这样，人性才会完善。

原文 **民不畏威，则大威至**①。〇河上公《老子章句》：威，害也。人不畏小害则大害至。大害者，谓死亡也。畏之者当爱精神，承天顺地也。〇王夫之《老子衍》：李息斋曰：民不畏威，非天下兼忘我者不能。**无狎其所居**②，**无厌其所生**③。〇王夫之《老子衍》：侈于有者穷于无，填其虚者增其实，将举手流目而无往非『狭』也，亦举手流目而无住非『厌』也。有『居』者，有居『居』者。有『生』者，有生『生』者。居『居』者决于『居』之里，澒洞盘旋，广于天地。**夫唯不厌，是以不厌**④。〇河上公《老子章句》：夫唯独不厌精神之人，洗心濯垢，恬泊无欲，则精神居之不厌也。〇王弼《道德真经注》：不自厌也。不自厌，是以天下莫之厌。**是以圣人自知不自见**⑤；**自爱不自贵。故去彼取此。**〇王弼《道德真经注》：不自见其所知，以光耀行威也。自贵则物狎厌居生。○陈致虚《道德经转语偈》：自知已是已灵明，内养工夫熟且纯。能自爱兮惟不厌，怡然理顺乐天真。

注释 ①民不畏威，则大威至：前一个『威』，指威压、威力。大威，指威胁、祸乱。人民不害怕威压，那么更大的祸乱就要发生了。②无狎其所居：狎，狭迫、逼迫的意思。无狎其所居，即统治者不要逼迫得人民不得安居。③无厌其所生：厌，压迫。统治者不要压制人民谋生的道路。④夫唯不厌，是以不厌：前一个『厌』是压迫的意思，前一句针对统治者而言。后一个『厌』是厌恶的意思，后一句针对人民而言。⑤自知不自见：见同『现』，表现。有自知之明而不自我表现。

譯文 民众不再惧怕威压的时候，那么可怕的灾祸就降临了。不要搅扰民众不得安居，也不要破坏民众谋生的道路。只有不逼迫民众，才不会被民众所厌弃。因此，有道的圣人虽然了解自己但从不显露；爱惜自己却从不自我夸耀。所以要舍弃自见、自贵，而要保持自知、自爱。

讀解心得 老子认为，任何事物都是由相反的两个方面共同构成的，所以『有无相生，难易相成，长短相形，高下相倾』。故而反对或摒弃二者之中的任何一方面，都会同时对另一方面造成伤害，这是明显不符合『道』的。

君与民同为一个国家的组成部分，本非对立的两个方面，而是不可分的一个整体，合则两益，分则两伤。所以老子明确地提出反对暴力，无论是统治者为巩固其权力而

焚书坑儒

秦始皇为统一原六国人民思想，销毁除法家以外的所有诸子百家著作，坑杀四百六十余名儒士和方士，史称『焚书坑儒』。后终因人民暴动失国。

施行的高压暴政，还是民众不堪压迫而进行的反抗斗争，都会给本来和谐的社会造成极大的灾难。故而暴力明显是不合乎『道』的。所以老子在此针对统治者提出要『自知不自见，自爱不自贵』，真正高明的君主自诩高贵、自我张扬。因为『自见』和『自贵』往往要以搜刮压迫民众为代价。『夫唯不厌，是以不厌』，只有不压迫，才不会遭到反抗。这并非是一种妥协，而恰恰是一种通过被动赢取主动的圣人之『道』，只有『不弃』、『不杀』，才能做到不被民众所厌弃，从而避免社会动荡的恶果。

不求『自见』、『自爱』是一种节制的表现，是君王能够平治天下的前提，但能够真正保持这种清醒的节制态度的却少之又少。就如同老子曾经说过的『方而不割，廉而不刿，直而不肆，光而不耀』一般，『自知不自见，自爱不自贵』之中也体现出其风度的不卑不亢与思想的深邃优美。

經典事例

大泽乡起义

公元前209年七月，秦朝大规模征兵去戍守渔阳，陈胜被任命为带队的屯长。他与另外九百名穷苦的农民在两名秦吏的看押下，日夜兼程向渔阳进发。当队伍走到蕲县大泽乡时，不巧遇到了连日的大雨，道路完全被洪水阻断，人们无法通行。眼看着到达渔阳的期限将至，可队伍却迟迟不能前进，大家焦急万分，不知怎么办才好。因为按照当时秦朝的法律规定，凡是戍边的兵丁，如果不能准时到达指定地点，一律要处斩。

就在这生死存亡的关键时刻，陈胜决定谋划起义。当天夜里，陈胜找到了另一位屯长吴广。他对吴广说：『渔阳远在千里之外，我们无论如何也不能按期抵达了。现在，我们去也是死，逃走再被抓回来也是死，反正都是一死，还不如拼一把，干一番大事业。』

陈胜接着对当时天下局势进行了分析：『如今天下人忍受秦朝的暴虐统治已经很久了，百姓对朝廷的募役刑罚、苛捐赋税已经到了忍无可忍的程度。我听说，当今皇帝胡亥是秦始皇的小儿子，本来应该是贤能的长子扶苏继承皇位，可他却被二世杀害了；过去楚国的名将项燕，战功卓著，爱兵如子，很受人拥戴。而现在天下百姓并不清楚这两个人是生是死，我们不如以他们的名义号召天下人起义，来反抗秦朝的暴政。』吴广觉得陈胜的主意正符合当时的人心，因此完全支持他的决定。

由于当时盛行预测吉凶的占卜活动，陈胜和吴广经过周密的策划，专门找了一个负责占卜的人卜问吉凶。这位卜者知道了二人的用意，也很支持他们，于是就说他们将获得成功，并且建议他们再向鬼神卜问一下。

陈胜、吴广听了以后十分高兴，并且悟出了借助鬼神来『威众』的启示。于是，他们两人在一块绸帕上用朱砂写下了『陈胜王』三个大字，然后把绸帕塞到渔民捕获的鱼肚子里。有的戍卒买鱼回来吃，发现了鱼肚之中的绸帕，觉得十分惊奇。陈胜又让吴广潜伏在营地旁边的一座破庙里，在半夜点起篝火，并且模仿狐狸的声音，大声喊叫：『大楚兴，陈胜王！』戍卒们在睡梦中被惊醒，感到十分惊恐。第二天早上，戍卒们对陈胜指指点点，议论纷纷。陈胜对待下属本来就热情谦恭，现在『上天』又把大楚复兴的大任放在陈胜肩上，这样，他在戍卒心目当中的威望就更高了。

陈胜见时机已经成熟，就让吴广故意激怒押送他们戍边的将尉。这两名将尉果然中计，不断责骂、鞭打吴广，这引起了戍卒们的强烈不满。吴广在争斗中，夺下了一名将尉的佩剑并将其杀死，陈胜也趁势杀死了另一名将尉。

然后，陈胜把九百名戍卒召集到一起，高声说道：『各位兄弟，我们现在遇上了大雨，已经不可能按期到达渔阳了。按照律法，耽误了时间大家都要被砍头，即便侥幸不被处死，去戍守边塞也很有可能要送命。』

他见戍卒们听得很认真，就继续说：『大丈夫不死则已，要死就要成就一世英名。那些王侯将相，他们生来就是贵族种吗？』

陈胜的这番铿锵有力的宣言，说出了戍卒们的心声。大家对秦王朝的愤怒如同决堤的洪水般奔涌而出，于是齐声高呼：『我们都愿服从您的号令！』于是戍卒们在陈胜、吴广的带领下，筑坛盟誓。陈胜、吴广按照事先的谋划，以公子扶苏、楚将项燕的名义，宣布起义。大泽乡起义就这样爆发了。

大泽乡起义的直接导火索就是那场连日的大雨。再加上秦朝的暴政酷法，使戍卒们被置于『只有死路一条』的艰难境地，无奈之中，戍卒们只能冒险一搏，还有一线生机，可谓『民不畏威，则大威至』。

第七十三章

题解 本章老子主张以自然之理来应对人世，为人处世应当顺天道而行之。

老子认为，『道』的智慧奥妙无穷，『道』本身就是柔弱的，只有顺应『道』，才能做到不动用武力而取得胜利，不用语言表述就能做出回应，不必呼吁召唤就会自动出现，内心坦荡不存智谋而做好安排和谋划。

为人处世也当如此，以柔弱胜刚强，只有以退为进、以柔克刚才是真正的生存之道。如果一味的逞一时之勇，则只会带来无穷祸患。天道自然，只有顺应『道』的规则从容生存，生命之中才不会有什么遗漏。

原文 **勇于敢则杀①，勇于不敢则活②。此两者，或利或害③。**○王夫之《老子衍》：执『不敢』以『勇』，『敢』矣；『不敢』其所『不敢』，『勇』矣。『勇』『敢』之施，『杀』『活』之报，天乘其权，而我受其变，『难』矣。圣人畏其『难』，而承其『活』，不辞其『杀』，故『活』在已而『杀』任天下。何也？以已受『活』，则必有受『杀』者，气数之固然，而不足诘也。**天之所恶，孰知其故？是以圣人犹难之。**○河上公《老子章句》：恶有为也。谁能知天意之故而不犯？言圣人之明德犹难于勇敢，况无圣人之德而欲行之乎？○王弼《道德真经注》：孰，谁也。言谁能知天下之所恶，意故邪，其唯圣人，夫圣人之明，犹难于勇敢，况无圣人之明而欲行之也，故曰，犹难之也。**天之道④，不争而善胜，不言而善应⑤，不召而自来，绰然**

孔融

孔融生值汉室之乱，一生『负其高气，志在靖难，而才疏意广，迄无成功』。终因锋芒太露而不见容于当权者。荀彧经常劝谏孔融曰：『公刚直太过，乃取祸之道。』孔融依然故我，终被曹操所杀。

而善谋⑥。〇河上公《老子章句》：天不与人争贵贱，而人自畏之。天不言，万物自动以应时。天不呼召，万物皆负阴而向阳。繟，宽也。天道虽宽博，善谋虑人事，修善行恶，各蒙其报也。〇王弼《道德真经注》：天唯不争，故天下莫能与之争。顺则吉，逆则凶，不言而善应也。处下则物自归。垂象而见吉凶，先事而设诚，安而不忘危，未召而谋之，故曰，繟然而善谋也。**天网恢恢**⑦，**疏而不失**⑧。〇王夫之《老子衍》：夫唯已『活』而非以功，天下『杀』而无能罪，斯以处劝罪之外，而善救人物，我无『杀』『活』而天下亦『活』。彼气数者，日敝敝以『杀』『活』为劳，其于我也，吹剑首之吷而已矣。是以圣人破『天网』而行『天道』。

注释 ①勇于敢则杀：勇于敢做，则有杀身之祸。②不敢：不敢做，这里指的是虚静守柔的态度。③此两者，或利或害：这两个勇的方面，有的有利，有的有害。④天之道：指自然的规律。⑤应：回答、响应。⑥绰然：宽缓、安然的样子。⑦天网：指自然的范围。恢恢：广大、宽大。⑧疏而不失：疏，稀疏。失，漏失。虽然稀疏但却不会漏失。

譯文 行事鲁莽、无所顾忌就会招来杀身之祸，而勇于柔弱处世就可以自保。这两种方式，一种有益，一种有害。上天所厌恶的，有谁知道是什么缘故呢？所以有道的圣人也难以阐明其中的道理。自然的法则是，无需争夺却能够取胜；不用言语却能做好回应；无需召唤自然而来；安然散漫之间就能做好谋划。自然广阔无边，看似宽疏却无一丝漏失。

讀解心得 在老子这里，『勇』和『敢』是两个截然不同的词汇。从他说的『慈故能勇』来看，他对『勇』是抱有肯定态度的，但此处的『勇』绝非匹夫之勇，逞一时意气而不顾后果的行为绝不是『勇』，而是『敢』。他说『不敢为天下先』，『不敢为主而为客』，『辅万物之自然而不敢为』，可见其对于『敢』的否定。而这些观点的提出是与老子所尊崇的柔能克刚、弱能胜强的观点密切相关的。

『勇』之所以为『勇』，在于其谨慎与顺应，故而才能够全力以赴，能够专注地做事。而将勇气建立在妄为蛮干的基础之上逞强使气，往往就会招致杀身之祸。所以，『勇』和『敢』之别在本质上其实就是柔与刚之别，也是自然法则预先就已经规定好了的。

蕴藏于万事万物中的道本身就是难以捉摸的，所以想要做到遵循自然的法则就尤须谨慎了。

接下来，老子总结了几条自然法则的特点：『不争而善胜』、『不言而善应』、『不召而自来』、『坦然而善谋』。从来不需要去争强，因为刚强总会招来灾祸，当真正地达到什么都不屑去争夺的境界之时，就没有人可与之相比了；从来都不需要用言语来表达，因为所要表达的往往都已经在行为之中自然流露出来了；不需要召唤和祈求，应该来的自然会准时悄然而至；自然的法则看似散漫而毫无头绪，但就在这散漫之中一切都已经安排妥当。善胜、善应、自来和善谋都是自然法则亦即『道』对世间万物所起的支配作用的不同表现。自然法则是在不知不觉之中发挥其作用的，至于世人惯常使用的『争』、『言』、『召』等一些外在的手段，它都从来不会用到，它只需要安排各种事物之间的内在关联，并加以调节，就可以得到相应的结果。自然法则看似散漫，其实不然，只是由于其太过博大，以常人的眼光根本就不知端倪罢了。

經典事例

割肉自啖

相传，在战国时代，齐国的一个小镇上住着两个勇士，他们自以为是天下最勇敢、最不怕死的人。一个住在城西，一个住在城东。有一次，这两个勇士在街上偶然相遇。两人寒暄了一阵之后，相约到一家酒楼饮酒。

他们在靠窗的一张桌子旁坐下，伙计端上来一坛陈年好酒。两个勇士喝了一会儿，觉得没有肉食下酒实在是有些乏味。其中一个提议说：『我们这样光饮酒不吃肉没什么意思，我出去去买几斤肉来，叫厨师做好后供我们下酒，你看怎么样？』另一个答道：『用不着去买肉。你我的身上不是有的是肉吗？我听说人腿上的肉都是精肉，我们从自己身上割肉来下酒，又干净又新鲜，这不是很好吗？只要叫店里的伙计拿酱来蘸着吃就行了。』第一个勇士为表现自己的『勇敢』，爽快地同意了对方的建议。

他们让伙计端来一盆酱。他们喝光了一大碗酒以后，就各自拔出佩刀，在自己的腿上割下一块肉来，带着鲜血放到酱盆里蘸一下，然后送进自己嘴里，大嚼着咽了下去。就这样，两个人每喝一碗酒，就用刀在各自的腿上割下一块肉来吃。在场的人见此情景，既惊讶又害怕，但没人敢出面干预。

这两个勇士一边喝酒一边吃肉，他们都自称是天下最勇敢的人，谁也不肯向对方认输。就这样，肉一块一块地被他们割下来，鲜血也不断地从他们的身上流出来，不一会儿，这两个勇士都因失血过多而死去。

勇敢固然是非常可贵的品质，但一旦用错了地方，就会适得其反。『割肉自啖』的故事正反映了所谓的『勇士』『勇于敢则杀』的悲剧结局。

第七十四章

本章表达了老子对当时统治者施行严刑酷法、置人民生死于不顾的谴责和不满。

人的生死，是由天道来决定的，是『道』对世界最美的馈赠。生命因『道』而生，自然也就应该顺应『道』的规则走到尽头。

老子所处的年代，统治者为了满足一己之私欲，或是发动战争，或是施行严刑，视人民的生死于不顾，全国上下尸横遍野、民不聊生。那些统治者在任意夺取别人生命的时候，却忽视了对生命最本真的认识。这就如同不熟悉木工的人必然会砍伤自己一样，任何人都不能代替『道』来索取别人的生命。可见，老子对此是深有感触的。

原文 **民不畏死，奈何以死惧之？**〇河上公《老子章句》：治国者刑罚酷深，民不聊生，故不畏死也。治身者嗜欲伤神，贪财杀身，民不知畏之也。人君不宽刑罚，教民去情欲，奈何设刑法以死惧之？**若使民常畏死，而为奇者**①**，吾得执而杀之**②**，孰敢？**〇王弼《道德真经注》：诡异乱群谓之奇也。〇明太祖《御注道德真经》：若使民果然怕死，国以此为奇。老子云：吾岂不执而杀之？噫！畏天道而孰敢。**常有司杀者杀**③**，夫代司杀者杀**④**，是谓代大匠斲**⑤**，夫代大匠斲者，希有不伤其手矣**⑥。〇王弼《道德真经注》：为逆顺者之所恶忿也，不仁者人之所疾也。故曰，常有司杀也。〇陈致虚《道德经转语偈》：不畏死兮却畏生，畏生之道在持盈。

八千兵散浑闲事，项羽头来落汉营。

注釋 ①为奇者：为，做、从事。奇，奇诡、邪恶。为奇者，即捣乱作恶的人。②吾得执而杀之：执，拘押、抓起来。之，指『为奇者』。③司杀者杀：司杀者，专门管理杀人的人。这里不是实指现实社会中具体管理杀人的人员，而是指定人死亡的自然规律等。司杀者杀，指自然规律主宰人们的死亡。④代：代替，指统治者热衷于刑罚，代替自然主宰杀人。⑤大匠：高明的工匠。斲：

遣使求仙 秦始皇希望长生，遣使寻找仙人。

用斧头砍木头。⑥希：同『稀』，很少的意思。

譯文 民众连死都不怕的时候，还怎么拿死来威胁他们？如果民众真的怕死，那么对于那些僭越出格的人，抓来杀掉就可以了，有谁还敢明目张胆、无所顾忌？总有专管行刑的人负责杀人，而那些代替行刑官杀人的人，就像代替高明的木匠砍木头。那些代替高明的木匠砍木头的人，很少有不砍伤自己手的。

讀解心得 所谓的『民不畏死』、『犯上作乱』大都是因为民众对沉重的压迫忍无可忍，也可以动乱的大部分罪责都应归于统治者，也就是所谓的『乱自上作』。

老子在这一章里告诫统治者：不要用残暴的方式管理国家，一旦民众不堪其苦，那就一定会揭竿而起，对于一群死都不怕的人，用死来威胁他们还有什么用？而如果能够让民众安居乐业，那么他们自然会珍惜生命畏惧死亡。到那个时候对那些为非作歹之人，只要稍微动用一点刑罚，还有谁会做坏事呢？故而老子以为，应同时从主、客观两方面将情况考虑周全，再改换谦和卑下的态度采取宽容的政策。本章里『杀』字出现频繁，但此中的『杀』并非杀戮之意。有生即有杀，万物都是由『生』开始，以『杀』结束的。草木的凋零枯萎是杀，动物的自然衰老死亡也是杀。真正掌握着生杀大权的就是自然界，就是『道』。《庄子·逍遥游》说：『庖人虽不治庖，尸祝不越樽俎而代之矣。』任何通过暴力权势草菅人命者都已越过了自己的权限，因而违背了『道』，如此一来只会给自己招致灾祸。

秦始皇统一六国自称『始皇帝』的时候，本想秦朝的天下千秋万代永远延续下去，可谁成想仅十五年后，传到第二任皇帝就灭亡了。尽管他采用各种手段想要巩固统治，但他的横征暴敛、独裁专制，早已为国家的败亡埋下了祸根。连续大兴土木、频繁的战争、庞大的官僚机构，动摇了秦王朝的统治基础。终于，公元前209年陈胜、吴广起义爆发，不久，秦朝即被推翻。

經典事例

国人暴动

在周成王、周康王执政的时代，西周的社会还比较安定。可是后来，由于宗室贵族加重了对人民的剥削，再加上战争不断，百姓的不满情绪也逐渐增长。统治者为了加重奴役人民，制定了极其严酷的刑罚。到了周厉王在位的时候，他对人民的压迫更加严重了。

周厉王十分宠信手下的大臣荣夷公，并按照他的建议，实行『专利』，即霸占一切河流、湖泊，不许百姓使用这些天然资源赖以为生；他们还横征暴敛，虐待百姓。当时，住在野外的农民被称为『野人』，而住在都城的平民被称为『国人』。周朝都城镐京的国人对厉王的暴虐措施十分不满，怨声载道。

厉王手下的老臣召公虎听到国人的怨言越来越多，就进宫劝谏厉王说：『现在百姓已经忍受不了朝廷的暴政了，大王如果不尽快改变做法，后果将不堪设想！』厉王听了不以为然，他满不在乎地说：『你不必着急，我自有对付他们的办法。』于是，厉王下了一道禁令，不准国人议论朝政。他还特意从卫国请来一个巫师，派他专门监督议论朝政的人，告诉他说：『你如果发现有人背地里诽谤我，就立即向我报告。』

卫巫为了向厉王讨好，派出一大批人到处探听。那些人还常常敲诈勒索，谁不服从他们，他们就诬陷谁。厉王接到卫巫的汇报之后，不辨真伪，因此有不少无辜的国人被杀。在这种压力之下，国人确实不敢在公开场合谈论国事了。人们走在街上遇到熟人，甚至不敢打招呼，只是交换一个眼色，就匆匆走开了。厉王见报告批评朝政的人越来越少，心里非常满意，认为自己的政策有了成效。召公叹了一口气，对厉王说：『堵住百姓的嘴，不让他们说话，这比堵住江河还要危险啊！当初大禹治水的时候，通过疏通河道，让洪水流到大海中去；治理国家也是同样的道理，必须让百姓说实话。以强硬的方式堵住河流，必然要决口；以强硬的政令堵住百姓的嘴，就要闯下大祸了！』可厉王根本听不进去。于是周朝的朝政更加腐败，国势也更加衰落。

到了公元前841年，忍无可忍的国人聚众起义，围住了王宫，想要杀掉厉王，历史上把这件事称为『国人暴动』。厉王无奈只好出逃，愤怒的国人冲进了王宫，没有找到厉王。有人得知太子靖逃到召公虎的家中躲了起来，于是又围住召公虎的住所，要他交出太子。召公虎没有办法，只好将自己的儿子冒充太子交了出去，国人杀了召公虎的儿子，这才把太子保护了下来。厉王出逃以后，朝中没有国君，群龙无首。大臣们经过商议，决定让德高望重的召公虎和另一位大臣周公暂时代替天子行使职权，史称『共和行政』。『共和』一词也由此而来。这一年被称为『共和元年』，即公元前841年，从这一年起，中国的历史开始有了确切纪年。

『共和行政』一直维持了十四年，后来周厉王死在外面。大臣们立太子静即位，就是周宣王。宣王即位后，在政治上较开明，得到诸侯的支持。经过这场国人暴动，周朝的政治又重新恢复了民主。

可以说，国人暴动是一个典型的『官逼民反』的例子。国人由于无法忍受周厉王的暴政，才起来反抗，这时的国人正可谓『民不畏死』。『夫代大匠斲者，希有不伤其手矣』，周厉王被迫出逃，后来死在外面，正是他为自己的越轨行为所付出的沉重代价。

第七十五章

题解 本章中，老子对统治者的苛政表示不满，并提出自己的警告。

世人总想成为强者，因为强者可以高高在上，可以为所欲为，但灾祸往往在其为所欲为的时候悄然而至。人民的反抗和难以治理，从来都是因为统治者贪婪无度所造成的。老子在这里警告统治者：只有重视别人的生命，才能保全自己，平治天下。因为没有谁不吝惜自己的生命，一旦命悬一线，民众就会铤而走险，揭竿而起。祸乱的根源在于统治者的『有为』和无度，只有不刻意求生，杜绝奢靡无度的享受，才能真正做到无所不为。

原文 **民之饥，以其上食税之多①，是以饥。**○河上公《老子章句》：人民所以饥寒者，以其君上税食下太多，民皆化上为贪，叛道违德，故饥。○王夫之《老子衍》：夫食税者上，而饥者民。**民之难治，以其上之有为②，是以难治。**○王弼《道德真经注》：言民之所以僻，治之所以乱，皆由上不由其下也，民从上也。○王夫之《老子衍》：有为者上，而难治者民。彼此不相知而相因，诚有之矣。**民之轻死③，以其上求生之厚④，是以轻死。**○河上公《老子章句》：人民所以侵犯死者，以其求生活之道太厚，贪利以自危。以求生太厚之故，轻入死地也。○唐玄宗《御注道德真经》：天下之人所以轻其死者，以其违分求生太厚之故，是以轻死。**夫唯无以生为者，是贤于贵生⑤。**○陈致虚《道德经转语偈》：无生之义最难言，人世轻生若骏奔。趋得非生非死法，乾坤有限道长存。〇明太祖《御注道德真经》：愚民无知，将以违法冒险，可以养生，孰不知亦丧身矣。即是无以生为者，是贤于贵生也。

注释 ①民之饥，以其上食税之多：上，指统治者。食，动词，喫。人民陷于饥饿，是因为统治者吞喫的赋税太多。②有为：有所作为。③轻死：轻，作动词用，看轻、不重视的意思。轻死，看轻死亡，即不怕死。④以其上求生之厚：求生，意即养生。厚，奢厚。求生之厚，指统治者不惜一切代价保养自己的身体和生命。⑤是：指示代词，这。贤：胜过、超过、比……好。贵生：贵，以……为贵，即看重的意思。指过分看重生命、过分保养生命。

譯文 民众陷于饥饿，是因为统治者搜刮的赋税太多，所以才会发生饥荒。民众难以被治理的原因，是由于统治者贪图名利、为所欲为，所以才难以统治。民众不爱惜生命的原因，是由于统治者贪图享受、搜刮过甚，所以才冒死反抗。只有恬淡自然，不以养生保命为重的人，才比那些刻意在乎生命的人更高明。

讀解心得 老子在这里指出了民众和统治者之间的生存矛盾。最初之所以会有赋税，是因为君主忙于治理国家而无暇顾及自己的生计，所以民众才捐出物资，以便其能安心治国。这本是一种维系君与民之间和谐关系的妥善方式，但由于后来的君主们贪图养生享乐，使其成为了国家动荡的导火索。

夏、商、周三代平民需要交纳的赋税大约是收入的十分之一。及至春秋战国时期，民众负担进一步加重，赋税要比从前高出三倍还多。而秦国建立之后，所征收的赋税几乎是西周的二十倍，百姓食不果腹，所以秦朝之亡毫不意外。

老子已经明确地指出：繁重的赋税与严酷的法令是国家动乱的最主要根源。如果不能从根本上解决这一问题，君与民之间的矛盾只会越来越多，而且衍变得更为激烈，甚者可以导致亡国。所以老子在篇末对统治者发出了警告：刻意地追求养生不一定就会长寿，贪恋享受、聚敛钱财只会造成时局的动荡，只有恬淡自然，不刻意去求生、不以养生保命为重的人，才比那些刻意在乎生命的人更高明，也只有这样的君王才会使国家长治久安。

經典事例

晋灵公不君

春秋时期，晋灵公暴虐成性，滥杀无辜，所作所为根本不符合国君的身份。他经常从高台上用弹弓射人，以观看台下的人们躲避弹丸来取乐。

一次，他手下的厨子做的熊掌没有炖熟，灵公就下令杀死了他，并把他的尸体装在筐里，命宫女用车装着尸体扔掉。

大臣赵盾和士季偶然经过，发现了厨子的一只手，于是便追问厨子被杀的缘由，当他们得知事情的原委后非常忧虑。赵盾准备去进谏，士季阻止道：『如果您去进谏，一旦国君不接受，那就没有别人能接着进谏了。还是让我先去吧，如果没有采纳，您还可以继续劝说。』

士季来到殿前，向前走了三次，并伏在地上行礼三次，晋灵公假装没有看见。士季到了屋檐下，晋灵公才看了他一眼，说道：『我已经知道自己犯的错误了，正准备改正。』

晋灵公虽然嘴上认错，实际上根本听不进去。后来赵盾多次进谏，晋灵公竟派人暗杀赵盾，可是，由于刺客仰慕赵盾，同时也对晋灵公不满，因此刺客没有下手，而是自杀。后来，晋灵公以宴请为名，设伏兵谋杀赵盾。事败之后，赵盾逃走。后来，穷凶极恶的晋灵公被赵穿杀死，举国上下无不为之欢呼。

晋灵公之死，完全是咎由自取。『民之难治，以其上之有为』，晋灵公的『有为』体现在他残暴的性格上，这样，他就不是仅仅面对『民之难治』的困境，而必然会遭来杀身之祸。

第七十六章

【题解】在这一章中，老子用具体的事物形象地阐释了生与死的原因，一开始就提出『人之生也柔弱，其死也坚强』的观点，认为『坚强者死之徒，柔弱者生之徒』，柔弱为真正的生存之道。

很多情况下，真相往往与表象相反，而人们又往往会执著于事物的表象。世俗之人崇拜力量、追求权势，通过刚强来克制柔弱，但这些绝不会长久。老子所看见的，是柔弱所蕴含的无尽的生命力和刚强所招致的无穷的灾祸。『道』虽然主宰着一切，但从不以强硬的形式显露出来，相反却是蒙昧混沌，不为人所知，故而虽然作为天地的主宰，却绝无毁誉。『道』正是以这种柔弱的品性默默昭示着其永恒的存在。

【原文】**人之生也柔弱**①**，其死也坚强**②**。草木之生也柔脆**③**，其死也枯槁**④**。故坚强者死之徒，柔弱者生之徒**⑤。〇河上公《老子章句》：人生含和气，抱精神。故柔弱也。人死和气竭，精神亡，故坚强也。和气存也。和气去也。以上二事观之，知坚强者死，柔弱者生也。**是以兵强则胜**⑥**，木强则折**。〇王弼《道德真经注》：强兵以暴于天下者，物之所恶也，故必不得胜。物所加也。〇唐玄宗《御注道德真经》：见哀者胜，故知恃强者必败。**强大处下，柔弱处上**。〇王弼《道德真经注》：木之本也。枝条是也。〇陈致虚《道德经转语偈》：人死坚强木死枯，夫惟不死是长图。五行颠倒人能用，有一物常死复苏。

注释 ①人之生也柔弱：生，生存、生活。柔弱，指人的身体、筋骨、肌肉的柔软。人之生也柔弱，即人活着的时候其身体、筋骨、肌肉是柔软活动的。②其死也坚强：坚强，指人身体肌肉的僵硬。这句是说，人死了以后身体就僵硬了。③柔脆：指草木形质的柔软脆弱。④枯槁：槁，干枯的意思。枯槁，指草木衰败干枯的样子。⑤故坚强者死之徒，柔弱者生之徒：徒，指同一种类、派别的东西。所以坚强的东西属于死

鸿门闯宴

项羽在楚汉相争之际处于强势，而刘邦处于弱势，然而项羽刚愎自用，于鸿门宴上放走了罗网中的刘邦，最终『无颜见江东父老』，自刎身亡。而处于劣势的刘邦却最终取得天下。

晏婴

晏婴，春秋时重要的政治家、思想家、外交家。有政治远见和外交才能，作风朴素。他爱国忧民，敢于直谏，在诸侯和百姓中享有极高的声誉。主张以礼治国，曾力谏齐景公轻赋省刑。

亡的一类，柔弱的东西属于具有生命力的一类。⑥兵：军队或兵力。

譯文 人在活着的时候身体是柔软的，死了以后就变得僵硬。草木活着的时候是柔软脆弱的，死了以后就变得干枯坚硬了。所以僵硬是死亡的特点，柔弱则是生存的特点。因此，依靠武力逞强必然灭亡，树木长高成材就会遭到砍伐和摧折。处于下位的表现为强大，处于上位的表现为柔弱。

讀解心得 『道』在老子的哲学体系中的地位是至高无上的，之所以如此，是因为『道』的本性最为柔弱。而老子之所以推崇柔弱，是因为『柔弱胜刚强』。

在老子看来锋芒外露者必将招致损毁，而善于韬养者必得保全。他以人的身体为例：人活着的时候，肌体柔软；人死之后，身体就会慢慢变得僵硬。又举草木为例：草木生长的时候，枝叶柔顺；凋零之后，就变得枯槁坚硬。通过这些作出总结：坚硬刚强是死亡所表现出来的特点，而柔弱之中才蕴藏着无限的生机。后来的庄子也说：山中的树木长高成材，就会被砍伐掉；油膏可以用来照明，所以就被燃尽；桂树上结了果实，枝条就会被人折断；漆树能够产漆，所以才会遍体鳞伤。人们只知争强好胜自我夸耀，却不知道这样做的恶果；不屑于柔弱低下，却不知道这样做的益处。

然而老子又叹息说，这种柔弱胜过刚强的道理，普天之下没有人不知道，但却又没有谁能够遵循。但是世人往往与之背道而驰，于是老子不得不加以告诫：『强梁者不得其死。』

秦朝末年，在大泽乡起义后不久，项羽崛起于江东，举兵反秦。三年之间，纵横九州，一统天下。又率领各路诸侯攻入关中，推翻秦政，于此威震四海，分疆裂土，册封十八诸侯，大权独握，自号为『霸王』，位同皇帝。但由于其刚愎自用、独断专行，难于听取旁人意见，以至于韩信、陈平、英布等人纷纷舍之而去。又加之其优柔寡断，错失良机，于鸿门宴上放走刘邦，又与其以鸿沟为界划地而治，给人以喘息之机，以至于兵败乌江，只落得一个身败名裂的下场。

由此可以看出，真正的强大并非是表面上强硬，而是遵循看似柔弱而无所作为的『道』。世人习惯了追求强大与刚强，只知道用刚强的力量可以制服、压倒别人，却不知道刚强与柔弱本来是对立而又统一的矛盾体，如果只看到了他们的对立，而忽视了其本质上的统一，那么就永远也做不到真正意义上的强大。

經典事例

二桃杀三士

春秋时期，齐景公的身边有三名勇士：公孙接、田开疆和古冶子。他们三个异常勇武，为国家立下不少战功，齐景公因此非常宠爱他们。但是，他们却恃勇自傲，无视君臣之礼，在朝中横行霸道。

有一天，相国晏子从他们三个身边经过时，用小步快走来表示敬意，但他们三个却坐着不起来，对晏子很是无礼。晏子因此非常生气，他就去进见齐景公，对他说：『为臣听说，贤德又有才能的君主蓄养的勇士，对内能够防止暴乱，对外能够威慑敌人；国君赞扬他们的功绩，臣民佩服他们的果敢，因此他们有着尊贵的地位和丰厚的奉禄。而现在君主所蓄养的这三个勇士，对上不遵守君臣之礼，对下也不顾及长幼之礼。如此看来，他们对内不能防止暴乱，对外也不能威慑住敌人。他们都是祸国殃民的罪人，不如尽快铲除他们。』景公说：『这三个人力大无比，勇猛过人，如果跟他们硬拼，怕是拼不过他们；暗中行刺，也怕刺不中。』晏子说：『他们虽然勇武好斗，不畏强敌，但是他们不讲究长幼之礼。』于是晏子就乘机献计，请景公赏赐给他们两个桃子，让他们自己评功，按功劳的大小吃桃。

公孙接听完仰天长叹说：『晏子果然是个聪明人。他让国君叫我们按功劳的大小来分桃子。我们不争桃子，就意味着不勇敢；可如果去争桃子，又人多桃少，这样就只有两个人来分吃桃子。我曾经击败了野猪，后来又打败了猛虎。像我这样的功劳，足可以自己单吃一个桃子。』说着，他伸手便拿起其中的一个桃子。

田开疆说：『我曾经一个人手持兵器，连续几次击退敌军。按照我的功劳，我也完全可以自己单吃一个，用不着跟别人共分一个。』说完，他也拿起了一个桃子。

这时古冶子说：『我当初曾经陪同国君横渡黄河。当时，一只大鳖咬住了拉车的马，把它拖到了河中央。那时，我潜到了水中，逆流而上，潜行数百步，然后又顺着水流，潜行了数里，最后抓住那只大鳖，将它斩杀了。我左手抓着马尾，右手拎着大鳖的头，像仙鹤一般从水中一跃而出。旁观的人都惊讶万分，以为是河神出来了，仔细一看，才知道原来是大鳖的头。凭我立下的功劳，也应当自己单独吃一个桃子。可你们为什么不把桃子拿出来！』说完，就拔出宝剑站了起来。

公孙接和田开疆听了之后，自叹不如，说道：『我们两个人的勇敢和功劳都赶不上您，可是拿桃子的时候却不谦让，这就是我们的贪婪。然而如果我们还活着不死，那还谈得上什么勇敢？』说罢，两人都交出了自己的桃子，拔剑自杀了。

古冶子看到眼前的情形，感到很羞惭，说道：『我的两个朋友都死了，只有我自己还活着，这是不仁；用言辞来羞辱别人，抬高自己，这是不义；对自己的言行有所悔恨，却不敢去死，这就是不勇。』说罢，他放下了手中的桃子，也自刎了。

景公派去的使者回复说：『他们三个都自杀了。』景公便命人给他们换好衣服，按照勇士的葬礼厚葬了他们。

公孙接、田开疆和古冶子的死，是由于他们过于崇尚勇武，先是为了争夺名誉而互不相让，在『深明大义』之后，又过于固执地认为自己为了保持『勇敢』而非死不可。正是这种极端强硬的态度，使他们最终死在两个桃子上。这就是『兵强则不胜，木强则折』的道理所在。

第七十七章

【题解】老子在本章中将『天之道』和『人之道』同时列出，进行了具体的比较。『天之道』是真正的『道』，是柔顺而公平的自然法则；而『人之道』却完全违背了本应效法的『天之道』，充斥着争斗和不公。可见，所谓的『人之道』并不是真正的『道』，而恰恰与之背道而驰。所以到了庄子生活的战国时期，『人之道』变得更为不公，以至于『窃钩者诛，窃国者为诸侯』（《庄子·胠箧》）。这种与天道相悖的观念充斥于各个时代。故而老子推崇均衡自谦的天道思想，认为只有顺应『道』，天下才会同乐。老子再次阐述了他的民本思想。

【原文】**天之道**[1]**，其犹张弓与**[2]**？高者抑之**[3]**，下者举之**[4]**；有余者损之**[5]**，不足者补之**[6]**。**〇河上公《老子章句》：天道暗昧，举物类以为喻也。言张弓和调之，如是乃可用耳，夫抑高举下，损强益弱，天之道也。〇王夫之《老子衍》：唯弓有『高』『下』，而后人得施其『抑』『举』；唯人有『有余』『不足』，而后天得施其『损』『补』。**天之道，损有余而补不足。人之道则不然，损不足以奉有余。**〇河上公《老子章句》：天道损有余而益谦，以中和为上。人道则与天道反，世俗之人损贫以奉富，夺弱以益强也。〇王弼《道德真经注》：与天地合德，乃能包之，如天之道。如人之量，则各有其身，不得相均，如惟无身无私乎，自然然后乃能与天地合德。**孰能有余以奉天下，唯有道者。**〇宋徽宗《御解道德真经》：不虐茕独，而罄者与之。不畏高明，而饶者损之，非有道者不能。〇明太祖《御注道德真经》：诚能以有余给民之不足者，则天下平，王道昭明焉。**是以圣人为而不恃，功成而不处⑦，其不欲见贤⑧。**〇王弼《道德真经注》：言唯能处盈而全虚，损有以补无，和光同尘，荡而均者，唯其道也。是以圣人不欲示其贤以均天下。

注释 ①天之道：天指自然。道，指规则、规律。②其犹张弓与：其，句中语气词，表示反问。③高

露台惜费

汉文帝恪尽节减，他罢修露台的故事就是一个很好的体现。正因此，汉初才形成了『文景之治』的局面。

者抑之：高，指弦位高。弦位高了，就把它压低一些。④下：弦位低了。⑤有余者损之：有余，指弦的长度有余。损，减少。⑥不足：指弦的长度短了。⑦处：拥有、享有。⑧见：同『现』，表现。

譯文 自然的规律，难道不是像拉弓射箭一样吗？抬得过高就把它压低一些，压得过低就再把它抬高一些，弦拉得过满就放松一些，用力不足就再加力拉满一些。自然法则，是减少过剩的用以补给不足。但人世的情况却并非如此，是减少本已不足的来奉给已然有余的人。谁能减少有余的用以补给天下的不足呢？只有明于大道的人。因此，有道的圣人虽然有所作为但却不占有，有所成就但却不居功，他不想显示自己的才能。

讀解心得 贪婪是人类独有的兽欲，自然界的其他动物取食仅仅是为了求生和繁衍，人则不同，往往只是单纯地满足这一原始而野蛮的欲望来大肆搜敛。所以，如果说自然界的法则是妥善地调节万物之间的生存关系，使之和谐共生的话，那么人世的法则正与之背道而驰。由于人性的贪婪，一旦占有就自然会想要占有更多，故而富者愈富，这样一来贫者也只能愈贫了，这一现象就是老子所指出的『损不足以奉有余』。但世间一切都在『道』的安排之中，所谓『天网恢恢，疏而不失』。因为『损不足以奉有余』与『天之道』相悖，所以发展到一定程度的时候，『天之道』就会发挥它『损有余而补不足』的作用。那些因『不足』而失去生存机会的民众必然会为争取生存权利而发起反抗。一旦反抗，就会给整个社会造成极大的损害。可见『人道』是不能背离

『天道』的，故而老子指出『孰能有余以奉天下？唯有道者。』统治者只有遵照自然法则行事，做到『损有余而补不足』，天下才会太平，社会才能长治久安。

汉文帝曾经为了节约开支、减少百姓的负担，而取消修建露台的计划，这就正如老子所说，只有将多余的拿出来调节天下的不平，才是符合『道』的。也只有能够这样做的人，才是真正的贤者，才接近于完美的圣人。

經典事例

汉文帝罢修露台

在中国古代的帝王当中，多数人都过着奢侈的生活，但汉文帝却是一个例外，他身为一国之主，却能以身作则，厉行节约，这在中国历史上是少见的。

汉文帝的生活非常俭朴。他登基以后，身上穿的一件长袍补了又补，一直穿了二十多年，也没换过一件新的。他自己经常穿着粗布衣服，日常用品大都是前辈皇帝留下的，他自己很少添加新的器物。在他的影响下，他的夫人也很少穿华丽的衣裳。

汉文帝还非常关心百姓的疾苦，他不仅经常亲自耕种，还让皇后去采桑养蚕。他登基不久就曾下令：凡是八十岁以上的老人都由国家供养，每月都要发给他们粮食、酒肉；对于九十岁以上的老人，国家还要定期发给绸缎、麻布、丝棉等物。

最能反映汉文帝勤俭节约的一件事，是他罢休露台。

有一次，汉文帝打算建造一个露台，用来欣赏山水风景。他找来了工匠，让他们算算要用多少钱。工匠们仔细地计算之后，对他说：『不算太多，有一百两金子就足够了。』

汉文帝听了，大吃一惊，连忙问道：『这一百两金子大约相当于多少户中等人家的收入？』

工匠们大略地估算了一下，说：『大约十户。』

汉文帝一听，连忙摆手，说：『快不要建露台了，现在国库空虚，老百姓的生活又非常困难，还是把这些钱省下吧。』

后来，露台一直没有造起来，但文帝厉行节约的美名却传遍了全国。

由罢修露台的故事可以看出，汉文帝确实是一位『能有余以奉天下』的『有道』之君。

第七十八章

题解 老子认为，水的品性是完全合乎『道』的，天下没有什么比水更柔弱，但正是因为它的柔弱，才胜过了一切的坚强之物，恒定而永不更改。一般来说，统治者都是高高在上，不可企及的。但老子却认为，真正的君王，应该能够承受天下的屈辱和灾祸。这就如同他所提及的『百谷王』，甘居百川下流，以其柔弱的品性谦和地容纳一切，做到扰之而不浑，澄之而不清。这一说法打破了一切常规，不能用已有的观念去揣度，然而这也正是『道』的所在。

原文 **天下莫柔弱于水①，而攻坚强者莫之能胜②。以其无以易之③。**○王弼《道德真经注》：以，用也。其谓水也，言用水之柔弱无物，可以易之也。○唐玄宗《御注道德真经》：以坚攻坚，必两坚俱损，柔制强者，则强损而柔全。故用攻坚

坎卦

坎，八卦之一，代表水。天下莫柔弱于水，而攻坚强者莫之能胜。

强者，无以易于水者矣。**弱之胜强，柔之胜刚，天下莫不知莫能行④。**〇河上公《老子章句》：水能灭火，阴能消阳。舌柔齿刚，齿先舌亡。知柔弱者久长，刚强者折伤。耻谦卑，好强梁。〇宋徽宗《御解道德真经》：知及之，仁不能守之。**是以圣人云：『受国之垢⑤，是谓社稷主⑥；受国不祥⑦，是为天下王。』正言若反。**〇宋徽宗《御解道德真经》：川泽纳污，山薮藏疾，国君含垢，体道之虚，而所受弥广，则为物之归，而所制弥远。经曰：知其荣，守其辱，为天下谷。言岂一端而已，反于物而合于道，是谓天下之至正。

注释 ①天下莫柔弱于水：天下，指天下的事物。莫柔弱于水，没有比水更柔弱的东西。②攻坚强者莫之能胜：攻，攻击、进攻。莫之能胜，没有能够超过水的。③无以易之：以，用。易，交换、代替。这里指没有可以用来代替它的。④天下莫不知莫能行：天下，指天下的人。莫不知，天下的人没有不了解弱之胜强、柔之胜刚这个道理的。莫能行，没有能够去实践这个法则的。⑤受国之垢：受，承受、承担。垢，屈辱。受国之垢，承担国家的屈辱。⑥是谓社稷主：社稷，指国家。社本指土地神，稷是谷神，古代帝王都要祭祀社稷，故社稷后来便成为国家的代称。是谓社稷主，这里叫做国家的君主。⑦受国不祥：不祥，指灾难。承担国家的灾难。

译文 天下没有什么比水更为柔弱，但攻坚克强的力量没有什么能胜过水的，因为没有什么能改变水的品性。柔弱胜过刚强的道理，天下没有人不知道但也没人能做到。

所以圣人说：『能够承受国家的屈辱，才算得上是国家的主宰。能够承担国家的灾祸，才能当天下的主宰。』正确的话听起来往往像是错话。

讀解心得 唐代诗人李白曾说：『抽刀断水水更流。』这一句本来是用来形容诗人的苦闷，却无意间道破了水的强大。世间恐怕没有什么能改变水的品性，水是老子所推崇的一个近乎完全符合于『道』的行为典范。对于水来说，似乎一切都可以轻易地对其产生影响，但是却又没有什么可以真正地影响其本性，故而一切祸患都不可能加诸其身。水之所以为水，正是以其善于变化的特质保证了其品性的永恒。老子说『上善若水』，孔子也说『智者乐水』。它流动的时候，忽高忽低遵循着一个原则随势而行；声势浩荡，永不停息，永不枯竭，广阔含蓄就像『道』；流向万丈深谷时，不以低微为耻，从容落下；在平川时意态安详，含而不露；盛满了，就自动溢出流走，不去争夺高下之分；该到的地方都流到了，无所不至；随意流转，无法阻挡，善于净化万物。

这些水的特性，一般人都是非常了解的，但把水的这种善于自居下位、卑微谦和的性格融入自身生命之中，并加以运用就不是一般人所能做到的了。公元前266年，赵惠文王去世，其子赵孝成王继承王位，因其年幼，故由其母赵威后听政。秦国觊觎赵国已久，见其国内时局动荡，孝成王年幼无知，便一举连攻下赵国三座城池。赵太后求齐国增援，齐王提出须赵太后幼子长安君到齐国为质，方可出兵。但赵太后溺爱幼子，坚持不与，后多亏触龙劝说才得以达成协议，击退秦军。

由此可见，只有像老子所说的那样能够像水一样从容担当屈辱和灾祸的人，才是真正的君主，才有资格成为天下的主宰。

經典事例

吴起吸脓

吴起是战国初期著名的军事家，他治军严谨，但平时对待部下将士很关爱。他做将军时，能和最下层士兵同衣同食。他睡觉时从来不铺席子，行军时也不骑马乘车，总亲自背干粮，和士卒共担劳苦。

有一次，士卒中有人后背生疮，吴起亲自用嘴为他吸脓。这个士卒的母亲得知此事后大哭起来。别人问她：『你的儿子是个普通的士卒，而将军却亲自为他吸脓，你怎么还要哭呢？』母亲说：『不是这样的。当年吴将军为他父亲吸过疮上的脓，他父亲在作战时就不顾一切地拼命，所以战死了。现在吴将军又为我儿子吸脓，我不知他又将死在哪里了，所以我才哭啊。』

吴起就是因为对士兵关爱有加，甚至能够『受国之垢』——为士兵吸脓，才使大家都愿意为他卖命，因而他的部队取得了赫赫战功。特别是周安王十三年的阴晋之战，吴起以区区五万魏军，击败了兵力多于自己十倍的秦军，成为中国古代战争史上以少胜多的著名战例。

第七十九章

题解 本章字数不多，但含义深刻。

老子看到当时天下的纷争态势，便悟出了国家与国家、君主与臣民之间矛盾的根源。在大『道』已废的春秋时代，人与人之间所谓的信义都只不过是一种符号而已。人们之间的仇怨难以消解，却非常容易结成。任何矛盾，哪怕是一丁点，都足可以祸及自身。所以与其争强结怨，倒不如防患于未然，虚心处世，谦和待人。

宽容是一种美德，任何人都需要被宽容，也应该宽容别人。老子在此处阐释，无论接物待人，均应以『德』为本，顺应自然，不应侵扰责难他人，否则违背了『道』，就一定会受到惩罚。

原文 **和大怨，必有余怨①，安可以为善②？**〇河上公《老子章句》：杀人者死，伤人者刑，以相和报。任刑者失人情，必有余怨及于良人也。言一人，则先天心，安可以和怨为善？〇王弼《道德真经注》：不明理其契以致大怨已至而德和之，其伤不复，故有余怨也。**是以圣人执左契③，而不责于人④。**〇河上公《老子章句》：古者圣人执左契，合符信也。无文书法律，刻契合符以为信也。但刻契为信，不责人以他事也。〇王弼《道德真经注》：左契防怨之所由生也。**有德司契⑤，无德司彻⑥。**〇王弼《道德真经注》：有德之人念思其契，不念怨生而后责于人也。彻，司人之过也。〇王夫之《老子衍》：彻，通也，均也，欲通物而均之。**天道无亲⑦，**

常与善人⑧。〇宋徽宗《御解道德真经》：善则与之，何亲之有？〇陈致虚《道德经转语偈》：左契犹如般若舟，人能执此任西流。故云有德长司契，天道无亲亲善柔。

注释 ①和大怨，必有余怨：和，调和、调解。调解深重的仇怨，必然会有余留的怨恨。这句的含义是说，深重的怨恨是难以彻底和解的。②安可以为善：安，疑问代词，哪里。这（指调和大怨而有余怨）哪里能够算好呢？③执左契：执，持有，拿着，掌握。契，即契券，古代借贷金钱、粮米等财物都用契券。④责：索取偿还，即债权人以自己持有的左契向负债人索取所欠的财物。⑤有德司契：有德，指有『德』的人。司，掌管、主管。司契，指掌管契据的人。有德司契，即有『德』的人就像持有借据的人（那样从容大度）。⑥无德司彻：彻，周代规定农民按收成交租的税收制度。司彻，指管租税的人。无『德』的人就像主管租税的人（那样追索计较）。⑦天道无亲：天道，指自然的规律。无亲，没有亲疏之别，没有偏爱。⑧与：帮助。

译文 深重的怨恨虽然会和解，但定会残留些许余怨，以德报怨，怎能说这是好办法呢？所以有道的圣人从不与人结怨，就像保留借债的存根却并不责令其归还一样。有『德』之人就像持有借据的圣人一样宽容，无『德』之人就像掌管税收的人一样苛刻计较。自然法则不偏爱任何人，但会永远帮助有德者。

读解心得 早在先秦的时候，人们订立契约后都将契约内容记载到竹简或木牍上，然后分成两半，左边的一半由债权人保留。所以老子在这里所说的『执左契』也就是指持有证据，在纷争中占有主动权的一方。而所谓『不责于人』也就是指保持谦和卑下的态度，宽宏大度，不与人争执。在老子看来，只有做到『不责于人』，才能真正地远离灾祸。老子说过『天道无亲』，自然法则对世间万物皆无厚薄亲疏之分，而善者之所以会得到佑护，是因为他顺应自然，遵循着『道』。此处也是在教统治者化解民怨的方法，真正高明的君主，会懂得无为之道，也会从中受益的。

『战国四公子』之一的孟尝君手下有一位门客名叫冯谖，有一次，他替孟尝君到薛地收债的时候，自作主张将还不起钱的百姓的债券当众烧毁，以此为孟尝君树立了仁慈的形象。后来孟尝君被免去相位，到了薛地，受到了当地百姓的热情拥护。

可见，宽容顺应了自然的法则，符合了『道』的安排，是避免君民之间矛盾结成的最佳手段，也是为自己争取『道』的佑护的最好方法。

經典事例

画地为牢

《封神演义》中有一个『画地为牢』的故事。

以打柴为生的武吉是一个孝子。一天，他到西岐城卖柴。在南门，正赶上周文王的车驾经过。由于市井道路狭窄，武吉翻转扁担时不小心在守门的军士王相的头打了一下，结果当即就把人打死了，于是武吉被捉住来见文王。文王说：『武吉既然打死了王相，理当抵命。』于是命他在南门地上画个圈了做牢房，在旁边立了根木头做狱吏，将武吉『关押』了起来。

三天以后，大夫散宜生经过南门，见武吉痛哭不止，就问他：『杀人偿命，理所当然。你又为什么要哭呢？』武吉说：『小人的母亲已经七十多岁了，她只有我这么一个儿子，母亲孤身一人，怕是要被饿死了！』散宜生听罢立即入城来见文王，说：『不如先把武吉放回家，等他处理完赡养母亲的后事，再来抵命，不知怎样？』文王听完觉得有道理，就同意让武吉回家去了。

由于画地为牢的故事发生背景是在商周时代，当时的民风淳朴，周文王又是圣贤之君，因此，人们能够在没有『执左契』限制的情况下依然遵照『道』来行事。『画地为牢』在今天看来，正是我们所追求的『和谐』社会的一个缩影。

冯谖烧券

战国时代，齐国有个人名叫冯谖，他生活极其贫困，听说当时齐国的相国孟尝君广招门客，就托人转告孟尝君，表示愿意到孟尝君门下当食客。

孟尝君问他有哪些爱好，具备什么能力，冯谖回答说都没有，但孟尝君还是收留了他。由于他是下等门客，所以只给他吃很一般的饭菜。过了几天，冯谖靠在柱子上，用手指弹着他的佩剑高声唱道：『长铗啊，咱们还是回去吧，这里没有鱼吃啊！』有人把这件事告诉了孟尝君。孟尝君说：『就按照一般食客的待遇给他吃吧。』又过了没多久，冯谖又靠在柱子上，弹着佩剑唱道：『长铗啊，咱们回去吧，这里出门没车

冯谖
弹铗长歌归去来，寄人门下亦堪哀。

孟尝君
孟尝君，即田文，战国四公子之一，齐国宗室大臣。齐威王曾封儿子田婴于薛地，后由田文袭封，所以又称薛公。

坐！」左右的人把这话也告诉了孟尝君。孟尝君说：『那就照别的门客那样给他置办车辆吧。』于是冯谖坐着车子，四处去拜访他的好友，跟他的朋友说：『孟尝君真是把我当成客人一样对待！』

孟尝君在做齐国的相国时，曾在薛地被封万户食邑。由于他的门下养着三千多食客，因此封邑的收入不足以奉养食客，于是他就在众多食客当中挑选冯谖去薛地收取息钱。冯谖在临行前问孟尝君收债之后买些什么东西回来，孟尝君答道：『你看我缺什么就买什么吧。』冯谖辞别孟尝君，乘车到了薛地，派当地官吏把应该还债的人召集到一起，偿付息钱。结果得到息钱十万，但还有多数的债户交纳不出。冯谖便用所收取的息钱置酒买肉，召集有能力偿还息钱的和无力偿还息钱的人都来验对债券。债户们到齐之后，冯谖一边劝大家饮酒，在旁边观察债户贫富的情况；一边让大家拿出债券像前一次一样验对，凡是有能力偿还的，当场订立偿还期限；对于无力偿还的，冯谖收回债券。并假传孟尝君的命令，为无力还钱的百姓免去了债务，将所有债券付之一炬。当地百姓都对孟尝君感恩戴德。

冯谖回来后，孟尝君问他给自己买了些什么，冯谖说：『您身边的财宝、马匹、美女应有尽有，我只为您买了「仁义」回来。』当孟尝君得知冯谖以他的名义免除了薛地债务之后，又气又恼，但是已经无法挽回，十分无奈。

后来，孟尝君被齐王废除了相位，只好退居到薛地生活。薛地的百姓听说孟尝君到来的消息，扶老携幼走出几十里路去夹道欢迎。此时孟尝君才恍然大悟，明白了冯谖为他买的『仁义』的价值所在，连连感谢冯谖。

冯谖焚烧债券的故事，与『圣人执左契，而不责于人』的大义相合。冯谖之举塑造了孟尝君在百姓心目中『有德』的形象，才使孟尝君反过来得到百姓的拥戴。老子在这里又一次阐释了他的民本思想。

第八十章

题解 这一章中，老子描绘了他的『理想国』：『小国寡民』、『使有什伯之器而不用，使民重死而不远徙』、『使民复结绳而用之，甘其食，美其服，安其居，乐其俗』。这些都反映了中国古代原始社会自由自在的生活方式。

在战火纷飞的春秋时代，广大民众都处于水深火热之中，对战争和尔虞我诈的厌倦自然而然地令他们梦想着返璞归真。

春秋时代的各个诸侯国无不努力开拓自己的边境、增加自己的人口，天下的争端因此而起，战事由此而生。老子厌倦了战争，于是他追根溯源，指出消除战争的根本方法—停止开拓边境和增加人口，回复到最初『小国寡民』的社会，国家与国家之间也没有交流，这自然也就不会引起争端。虽然老子的这种设想只是抵触战争情绪的流露与对社会剧烈变革的失落，但从某种程度上来看，还是有其自身的合理性的，这与原始共产主义有着很多相似之处。当然，在那个年代，人们还不会用我们今天的术语来表述这一概念，所以只能通过原始的方式来描述自己心中的社会图景。

原文 **小国寡民**①，〇河上公《老子章句》：圣人虽治大国，犹以为小，俭约不奢泰。民虽众，犹若寡少，不敢劳之也。〇王弼《道德真经注》：国既小，民又寡，尚可使反古，况国大民众乎，故举小国而言也。**使有什伯之器而不用，使民重死而不远徙**②。〇王弼《道德真经注》：言使民虽有什伯之器而无所用，何患不足也。使民不用，惟身是宝，不贪货赂，故各安其居，重死而不远徙也。〇宋徽宗《御解道德真经》：一而不党，无众至之累。其生可乐，其死可葬，故民不轻死而之四方。孔子曰：上失其道，民散久矣。远徙之谓欤？**虽有舟舆③，无所乘之④，虽有甲兵⑤，无所陈之⑥。**〇河上公《老子章句》：清静无为，不作烦华，不好出入游娱也。无怨恶于天下。〇明太祖《御注道德真经》：虽有巨舟革乘，力士千钧，皆无所施，而无所陈。**使民复结绳而用之⑦。甘其食，美其服，安其居，乐其俗。**〇唐玄宗《御注道德真经》：返朴还淳，复归于三皇结绳之用矣。不食滋味，故所食常甘。不事文绣，故所服皆美。不饰栋宇，故所居则安矣。不浇淳朴，故其俗可乐也。〇王弼《道德真经注》：无所欲求。**邻国相望，鸡犬之声相闻，民至老死不相往来。**

注释　①小国寡民：小寡，都是动词，使……小，使……少的意思。小国寡民，即国家要小小的，人口要少少的。②重死：重，看重、重视。重死，即怕死、看重生命，不轻易冒生命的危险。不远徙：徙，迁移、搬家。不远徙，不朝远处迁移。③舟舆：车船。④无所乘之：没有用车船的必要。小国寡民状态使人们无所向往，所以不用车船。⑤甲兵：甲，铠甲。兵，兵器。甲兵，指武器装备。⑥无所陈之：陈，陈列；一说同『阵』，作动词用，意思是摆列阵势。无所陈之，没有用得着陈列武器装备的地方。小国寡民的状态，使人们与外人无争，所以武器军队在这里没有用处。⑦复：再。结绳而用之：用结绳的办法来记事。

譯文　国家很小，人民也很少。即使有很多工具也不必使用；让民众珍视生命，不冒险向远处迁移。虽有船只车辆等交通工具，却都根本无须乘坐；虽然有盔甲和兵器，却都根本没必要使用。使民众回归到结绳记事的远古生活之中。吃得香甜，穿得漂亮，住得安稳，满足于宁静而平凡的生活。虽然国与国之间相互都望得见，各国的鸡鸣犬吠之声也能相互听见，但人民从生到死从不相互往来。

讀解心得　『小国寡民』是《道德经》政治思想的核心所在，是老子对心目中理想的国家、社会和人群组织形式的具体描述。一些人望文生义，据此简单地批评其为保守、复古与倒退等，这样的结论，未免有些『二十一世纪古代世界观』的味道，比『岳飞、文天祥是否妨碍了民族融合』

的讨论更加无知和可笑。

『小国寡民，使有什伯之器而不用，使民重死而不远徙。虽有舟舆，无所乘之；虽有甲兵，无所陈之』真的只是一种『乌托邦』式的理想化的状态吗？当然不是。即便按照『二十一世纪古代世界观』的要求，在当今社会中也不难找到鲜活的例证。以公认的发达国家瑞士为例，在那里，手工制作钟表的技艺以家庭为单位世代相传，各个小作坊用最擅长制作的零部件互相配套、协作，多数人习惯于家乡传统的宁静生活，不喜欢『什伯之器』之类的奢侈品；也不会轻易乘舟舆『远徙』；至于『甲兵』，更是与他们无缘。许多北欧小国的情形都与瑞士相似，他们并没有丢掉传统，而是『甘其食，美其服，安其居，乐其俗』，却仍得以享受安静、和平、舒适的生活。无论是时髦的GDP，还是人均收入水平，这些小国始终居世界最前列。由于国小民寡，军队对于他们从来都不是政治延续的必要工具，所以不必热衷于对付『大规模杀伤性武器』，也不必去到处掠夺资源、输出文化与宗教，这恐怕就是『不争』和『道法自然』的被动实践吧。

类似的例子还有很多，比如马尔代夫和一些中东国家等，虽然苛刻的学者们仍可以找出很多他们『小国寡民』以外的幸福原因，但不可否认的事实是，在全世界二百多个国家中，多数是安详宁静的『小国『和』『寡民』。放眼全局，当我们今天回过头去审视『小国寡民』思想的时候，不难发现其中的合理性。

还应注意的是，老子所说的『国』与今天『国家』的概念有很大区别，是建立在分封制上的邦国，相当于现在的地方自治，这也是当今世界政治发展中的一个明显的趋势。如美、俄等大国的联邦制，各个州都保有相当大的独立性。

接下来，『使民复结绳而用之』大概是老子试图使『历史倒退』最有力的证据了，这样的说法让人难以接受。虽然老子的言论不可避免存在局限性，但毕竟他是举世公认的圣贤和天才。结绳记事的确够原始，但这种方法却有着语言和文字无法比拟的优势：它有事说事，无事休息，绝不传播虚假信息；也绝不会故弄玄虚。老子看到了充斥于人世间的谎言、夸大、恐吓和欺骗，希望找到一种真实可靠的信息传播方式，所以他选择结绳记事绝非是希望复古

孔子微服过宋

或倒退，深层动因在于：他希望人人都能讲真话，互相用最纯真、自然的方式来沟通。在今天互联网时代，信息爆炸的速度越快，真话所占的比例就越小，对于返璞归真的『道』，现代人似乎正在渐行渐远。

老子的另一个论点是：『老死不相往来』。如果直接翻译这句话，老子的意思就是让人们从生到死互不来往。连小孩子都知道：亲戚朋友总要串门子，至少娶媳妇、嫁闺女繁殖后代总要见个面，既然《道德经》讲的是『道』，我们不妨本着『道』的精神去思考。如果人与人之间互相需要、互相合作，又互不干涉，何须彼此走来走去？所谓『老死不相往来』，就是人类个体与群体高度自由，又高度统一的理想状态，近乎共产主义高度发达与文明的社会。现代人倒是很乐于『互相往来到老死』的，但抛开利益圈和关系网的编织，往来之中的真实与自然又所剩几何呢？

經典事例

老人抱瓮

有一次，孔子的学生子贡因事到楚国。他在返回晋国时经过汉水南岸，看见一位老人正在给自家菜园里种植的蔬菜浇水。那个老人挖了一条水渠，一直通到水井边上。老人双手抱着一个大瓮，从井里打水。井水沿着水渠一直流到菜园里。老人不停地用瓮打水，累得气喘吁吁。虽然他花费了很大力气，但是效率却依然很低。

子贡看到这里，就走过去对这位老人说：『老人家，现在有一种器械，如果用它来灌溉菜地，一天能灌溉一百畦，就用不着费这么大的力气了。』

浇水的老人听罢抬起头，看了看子贡，然后问道：『你刚才说的是一个什么东西？』

子贡非常认真地对老人说：『对木头进行砍凿加工，把它做成一种机械，让它的前面轻，后面重，用它来汲水，水就会从井里连续不断地被吸出来，水流得非常快。这种机械的名字就叫做槔。』

这位老人听完子贡的话以后，突然变了脸色。他不以为然地讥笑子贡：『过去我曾听师傅讲过，世上如果有取巧的器物，就必然会出现投机取巧的事情；如果有了投机取巧的事情，就必然会有投机取巧的思想。如果一个人有了这种思想，就必然会丧失纯洁的美德；如果丧失了原本纯洁的美德，人的性情就会反常；而如果一个人性情反常，他就会成为一个与天地、自然不相容的人。你刚才说的那种机械我并不是不了解，只是因为我觉得一旦使用了它，就等于在做投机取巧的事，而做了投机取巧的事是非常可耻的。』

子贡听了老人的这番话，感觉自己像是做了错事一样，半晌无语。

抱瓮老人所说的话，固然含有抱残守缺的消极思想，但如果把它与人的本性联系起来，我们就会发现其中严密的逻辑性。『机巧』自有它的好处，但把握不当就会产生负面影响。老子正是看到了这一点，才构建了一个『使有什伯之器而不用』的『小国寡民』的理想社会形态。

第八十一章

题解 《道德经》的最后一章历来被看作是全书的总结，在这里老子作出了对信与美、善与辩、知与博的评判，对于这三组的辨析，实际上是对真与假的辨析，是对人道德标准的评判。但仅从伦理学角度来理解老子，就未免显得狭隘，老子之『道』已经远远超出这一范畴，而与大千世界紧密联系，『道』是宇宙间的原则和真理，远非人所能限定。人的道德常常与信念相互关联，而人一旦固执于自己的信念，就不免自大，脱离了谦卑之道就无路可循了。

《道德经》成不了儒家一类的主流文化，因为其胸襟宽广，极其谦卑。但也正因为此，老子的思想成了世人遭遇磨难时必不可少的精神良药。他不自诩光明，也不把他人贬为黑暗，因为黑与白本来相互依存，世界也正因此才孕育生命。他所要展现的，正是世界的和谐与完美。

原文 **信言不美**[1]**，美言不信**[2]**。**○河上公《老子章句》：信者，如其实也。不美者，朴且质也。美言者，滋美之华辞。不信者，饰伪多空虚也。○王弼《道德真经注》：实在质也。本在朴也。**善者不辩**[3]**，辩者不善。**○王弼《道德真经注》：极在一也。无私自有，唯善是与，任物而已。○唐玄宗《御注道德真经》：善者在行，无辩说。空滞辩说，故不善。**知者不博**[4]**，博者不知。**○河上公《老子章句》：知者，谓知道之士。不博者，守一元也。博者，多见闻也。不知者，失要真也。○唐玄宗《御注道德真经》：知者了悟也。博者多闻也。**圣人不积⑤，既以为人己愈有⑥，既以与人己愈多⑦。**〇王夫之《老子衍》：以所『有』『为人』，则人『有』而己损；以『多』『与人』，则人『多』而已贫。孰能知无所为者之『为人』邪？无所与者之『与人』邪？道散于天下，天下广矣，故『不积』。**天之道，利而不害；圣人之道，为而不争。**〇河上公《老子章句》：天生万物，爱育之，令长大，无所伤害也。圣人法天所施为，化成事就，不与下争功名，故能全其圣功也。〇王弼《道德真经注》：动常生成之也。顺天之利不相伤也。

注釋

①信言不美：信言，诚实的话、真话。美，漂亮、华丽。诚实的言谈是不漂亮的。②美言不信：华丽的言谈是不诚实的。③善者：善良的人。辩：能说会道、有口才。④知者不博：真有知识的人不广博。⑤积：指私自保留、积藏。⑥既以为人己愈有：尽全力帮助别人，自己反而更加充足。有，富有。⑦与：给予。

譯文

可靠的话说得不一定漂亮；说得漂亮的话不一定可靠。高明的人不屑于巧辩，口若悬河的人不见得高明。合乎大道的人不见得学识广博，学识广博的人不见得合乎大道。圣人不为自己积蓄什么，他为别人做得越多，自己得到的就越多。自然大道对万物有益而绝不残害；圣人的法则是有所为却不争强好胜。

讀解心得

将『美』、『真』、『善』联系在一起的，老子应当是中国历史上第一人。其中，『美』是表象；『真』是本质；『善』是动机。与『真、善、美』相对应的，是“假、恶、丑”。同影视作品中的好人与坏人的泾渭分明相反，生活的丑恶经常是隐藏在美好的表现形式之中，因此老子反对过分注重形式上的美，即所谓“信言不美，美言不信”。

唐玄宗的宠臣李林甫，诗文、字画都很出色，堪称才艺过人。但他做官却不是本着良心和原则办事，而是一味迁就和迎合玄宗的旨意。因此，他在朝为官青云直上，最后被封为宰相。

李林甫和人打交道时，总是表现出十分恭敬、谦和的样子，非常合作，嘴里说的也尽是些友好和善意的话。但实际上与表面态度完全相反，在其内心深处，李林甫十分狡诈、阴险。对待同僚，他常常是表面上笑脸相待，却在背地里暗箭伤人。

一次，唐玄宗看到侍郎卢绚的风度很好，随口赞赏几句。李林甫得知这件事，第二天就把卢绚降职为华州刺史。后来又被诬，说他身体不好，再次降职。

后来日子久了，人家终于发现他的伪善，大家便说李林甫是“口有蜜，腹有剑”。

在生活中，像李林甫那样的人并不鲜见。这些人表里不一、首鼠两端，稍不留心，便要上当受害，让我们如何去分辨？老子也给出了答案：“知者不博，博者不知”。透过华丽的包装，去发现事物的动机和本源，需要的不是用不完的智商和知识，而是追求本质以求“道”的态度。古语云：“有心为善，虽善不赏；无心为恶，虽恶不罚”就是这种态度的具体体现。为善的具体做法也很简单，即“圣人不积，既以为人己愈有，既以与人己愈多。』这句话并不是让人们抛弃自我；专门利人，而是强调人与人之间高度的协作。如果大家都在『人人为我；我为人人』，那么，个体的一切需求都将自然地融入国家、社会的整体之中。只有达成了这种高度和谐的的人际关系，才能实现『为而不争』的『人之道』。如果还可以进一步实现人与地球上万物生灵和自然环境互相依存『利而不害』的生态圈，那么我们人类就真正得到了『天之道』。

当我们在末篇纵观全书时不难发现，一部《道德经》洋洋洒洒五千言，究其核心不外什么是『道』和如何去追求『道』。『道』，不仅是『道家』与『道教』的思想本源；也是中国古代思想、文化和哲学最重要的源头之一；甚至有观点认为，『道』的概念就是整个中华文化的本质与核心。在历经了两千多年的发展和完善后，『道』的意义已经不仅仅局限于某个领域，它丰富的思想内涵，早已经根植于每个中国人的心中。

經典事例

滥竽充数

战国时代的齐宣王非常喜好音乐，尤其喜欢听人吹竽，他手下有三百个擅长吹竽的乐师。齐宣王好热闹，讲排场，所以每当听吹竽的时候，他总是让这三百个乐师一起吹奏给他听。

有位南郭先生听说了他的这个爱好，觉得有机可乘，就进见齐宣王，吹嘘自己的本领：『大王，我是个非常优秀的乐师，别人听我吹竽没有不被感动的，就连鸟兽听了也会翩翩起舞，我甘愿把我的这身绝技献给大王。』齐宣王听了非常高兴，也不加考察，就把他编进了那支三百人的吹竽队伍中。

其实，南郭先生根本就不会吹竽。每当演奏的时候，他就捧着竽混在乐师队伍之中，别人摇晃身体的时候他也跟着摇晃身体，别人摆头的时候他也随着摆头，脸上还故意装出一副非常陶醉的样子，看上去和别的乐师吹奏得一样投入。就这样，南郭先生靠着蒙骗混过了一天又一天，不劳而获地白白拿到高额的酬劳。

可惜好景不长，几年之后，齐宣王死了，他的儿子齐湣王即位，执掌大权。齐湣王也喜欢听吹竽，可是和他的父亲不同，他更喜欢独奏。于是齐湣王下了一道命令，让这三百个乐师好好练习，他要让他们轮流吹竽给他欣赏。其他乐师接到命令后都积极地练习，都想在新君面前一展身手，只有滥竽充数的南郭先生急得焦头烂额，惶惶不可终日。他思来想去，觉得这下再也混不过去了，只好收拾起行李连夜逃走了。

没有真才实学的人，只能骗得了一时，但骗不了一世。一切虚假，最终都必定会在实践中被揭穿伪装。

老子所推崇的『圣人』，就是摒弃了一切虚伪粉饰和私欲杂念的完人，只有这样的人，才能经得住任何考验，在『为而不争』中达到合乎『天道』的境界。

附录·抱朴子

生命智慧蕴藉无穷

《抱朴子》一书由《抱朴子内篇》和《抱朴子外篇》组成，东晋葛洪著。葛洪《自叙》谓：『《内篇》言神仙方药、鬼怪变化、养生延年、禳灾却祸，属道家；《外篇》言人间得失，世事臧否，属侍家。』

《抱朴子·内篇》以『玄』、『道』、『真一』为核心，反映了作者的道教思想，同时融会了黄老道学及阴阳五行、天人感应说的整套宗教理论。在我国道教史、医学史上占有非常突出的地位，是研究我国古代道教史、科学技术史不可或缺的重要资料。

微旨

原文 抱朴子曰：『余闻归同契合者，则不言而信著；殊途别务者，虽忠告而见疑。夫寻常咫尺之近理，人间取舍之细事，沉浮过于金羽，皂白分于粉墨，而抱惑之士，犹多不辨焉，岂况说之以世道之外，示之以至微之旨，大而笑之，其来久矣，岂独今哉？夫明之所及，虽玄阴幽夜之地，豪厘芒发之物，不以为难见。苟所不逮者，虽日月丽天之炤灼，嵩岱干云之峻峭，犹不能察焉。

譯文 抱朴子说：『我听说目标一致、志趣相投的人，就是不明确地说，信义也是显而易见的；道路不同、各有所求的人，虽然忠心禀告，也会被怀疑。那些道理浅近得如同在咫尺之间，不过是人世间一些何去何从的小事，沉浮分明，超过了黄金和羽毛，如白粉黑墨一样黑白明晰，但那些士子被疑惑包围，尚且不能分清很多俗事，何况对他们说解凡尘之外的理论，对他们出示极其细微的宗旨呢？那种认为这是夸大其词从而讥讽的态度，不是一天两天，哪里只是现在才这样呢？凡是视力所能看到之人，虽然是玄远幽深、阴暗如晦的地方，哪怕一毫一厘如麦芒、头发那样细微的事，也能看到。如果是昏聩之人，虽然如日月附着于天般辉煌灿烂，如嵩山岱岳耸入云霄般陡峭巍峨，也不能察看。

原文 『黄老玄圣，深识独见，开秘文于名山，受仙经于神人，蹶埃尘以遣累，凌大遐以高跻，金石不能与之齐坚，龟鹤不足与之等寿，念有志于将来，愍信者之无文，垂以方法，炳然著明，小修则小得，大为则大验。然而浅见之徒，区区所守，甘于荼蓼而不识饴蜜，酣于醨酪而不赏醇醪。知好生而不知有养生之道，知畏死而不信有不死之法，知饮食过度之畜疾病，而不能节肥甘于其口也。知极情恣欲之致枯损，而不知割怀于所欲也。余虽言神仙之可得，安能令其信乎？』

或人难曰：『子体无参午达理，奇毛通骨，年非安期、彭祖多历之寿，目不接见神仙，耳不独闻异说，何以知长生之可获，养性之有征哉？若觉玄妙于心得，运逸鉴于独见，所未敢许也。夫衣无蔽肤之具，资无谋夕之储，而高谈陶朱之术，自同猗顿之策，取讥论者，其理必也。抱痼疾而言精和、鹊之技，屡奔北而称究孙、吴之算，人不信者，以无效也。』

譯文

『黄帝、老子是玄远的圣哲，他们的见识深远独到，在名山里发掘出神秘的文章。从仙人那里得到了成仙的经典，步履匆匆地踏着尘埃丢弃拖累，跨越太空步入高天，金属和石头无法与他们比坚硬，神龟与仙鹤不足同他们比长寿，想到有志者会寻线索而来，怜悯信道者没有文章可遵循，所以才流传下这种方法给后人做借鉴，直到今天依然灿烂而鲜明，小修炼就有小的收获，花大力气修养就有大的收益。然而见识短浅的人们所拥有的只是小小的一点，以为荼蓼甘甜，却不知蜜糖的甜美，醉倒在薄酒、醋浆中，却不能鉴赏醇酒。虽然知道爱惜生命，却不懂得养生之道；知道害怕死亡，却不寻求长生不死的妙方；明明知道暴饮暴食会造成疾病，却不知在口中节制美味佳肴。明知纵情声色会招致枯损，却不奉行节欲之道。鉴于这种情况，我虽然说可以求得神仙，他们又怎么能相信呢？』

有的人对抱朴子发难说：『您的身体并没有纵横交错的体纹、发达的肌理、奇异的毛发、通彻的骨相，年龄也并不像安期生、彭祖那样有经历多年的长寿，眼睛又不能看见神仙，耳朵也不能单独听到奇异的说法，凭什么知道可以获得长生不老，又怎么让我们信服养性修仙是有根据的呢？如果说您内心领悟到了玄妙的道理，独自发现了高超的见解，那我可不敢苟同。您没有遮蔽肌肤的服装，过着朝不保夕的生活，却高谈富豪巨商陶朱公的方术，自以为与猗顿的计策相同，理所当然要招致讥讽批评。好比自身染着积久难治的病症，却自夸精通医和、扁鹊的医术，屡吃败仗还自称深谙孙子、吴起的谋略，人们没有见到实际效果，当然不相信了。』

原文 余答曰：『夫寸鲋汎迹滥水之中，则谓天下无四海之广也。芒蝎宛转果核之内，则谓八极之界尽于兹也。虽告之以无涯之浩汗，语之以宇宙之恢阔，以为空言，必不肯信也。若令吾眼有方瞳，耳长出顶，亦将控飞龙而驾庆云，凌流电而造倒景，子又将安得而诘我？设令见我，又将呼为天神地祇异类之人，岂谓我为学之所致哉？

『姑聊以先觉挽引同志，岂强令吾子之徒，皆信之哉？若令家户有仙人，属目比肩，吾子虽蔽，亦将不疑。但彼人之道成，则蹈青霄而游紫极，自非通灵，莫之见闻，吾子必为无耳。世人信其臆断，仗其短见，自谓所度，事无差错，习乎所致，怪乎所希，提耳指掌，终于不悟，其来尚矣，岂独今哉？』

或曰：『屡承嘉谈，足以不疑于有仙矣，但更自嫌于不能为耳。敢问更有要道，可得单行者否？』

抱朴子曰：『凡学道，当阶浅以涉深，由易以及难，志诚坚果，无所不济，疑则无功，非一事也。夫根荄不洞地，而求柯条干云，渊源不泓窈，而求汤流万里者，未之有也。

譯文

抱朴子回答道：『小小的虫子在脚下的积水中泛游着，就认为天下没有宽广的大海。麦芒大的蝎虫蜗居在水果核里，就认为世界就是它容身的地方这么大了。虽然把无边的浩渺告诉给它，把恢宏的宇宙描绘给它，它一定认为是空话，不肯相信。如果让我的眼睛也有方形的瞳仁，耳朵长在头顶，也将能控制翻腾的蛟龙，驾驭五色的祥云，凌越飞驰的闪电，身登最高之处，你又将凭什么来诘问我呢？假如见到我，又会认为我是天神地祇般非凡的人物了，哪里会认识到我是经过学习得到的呢？

『我暂且凭着自己的先知先觉提携和我同路的人，哪里是勉强命令大家都相信仙道呢？假如每家每户都有仙人，眼睛连着眼睛，肩膀挨着肩膀，您即使孤陋寡闻，也必将深信不疑。但是，那些人一旦得道成仙，就会乘着青云直上，漫游紫微星座，如果不能与神灵沟通，就不会有谁能看见能听说，您就一定会认为没有这种事了。世人只相信主观的判断，依靠自己浅薄粗陋的见识，认为自己所经历过的事情才是对的，习惯于旧有的框框，奇怪那罕见的事物，即便用手提着他们的耳朵讲解，用手指在他们的手掌上指点，也始终执迷不悟，这种人很早以前就有，哪里只是今天才有的呢？』

也有人说：『由于多次聆听您的美谈，已经使我不怀疑有神仙了，只是进而嫌弃自己不能把功夫修炼到家。请问是否有简捷的途径，可能得到适合个人的捷径？』

抱朴子说：『大凡学习道术的人，都应当循序渐进，由浅入深，由易到难。如果虔诚学道，意志坚定，行为果敢，就没有什么做不到的；如果犹豫不决，拖拖拉拉，就没有成功的希望，这个道理不光适用于一件事，而是许多事。如果树根没有深深地穿透大地，却要求枝条耸入云霄，如果源头不广远宏博，却要求急流纵横万里，都是不可能的。

原文

『是故非积善阴德，不足以感神明；非诚心款契，不足以结师友；非功劳不足以论大试，又未遇明师而求要道，未可得也。九丹金液，最是仙主。然事大费重，不可卒办也。宝精爱气，最其急也，并将服小药以延年命，学近术以辟邪恶，乃可渐阶精微矣。』

或曰：『方术繁多，诚难精备，除置金丹，其余可修，何者为善？』

抱朴子曰：『若未得其至要之大者，则其小者不可不广知也。盖藉众术之共成长生也。大而谕之，犹世主之治国焉，文武礼律，无一不可也。小而谕之，犹工匠之为车焉，辕辋轴辖，莫或应亏也。

『所为术者，内修形神，使延年愈疾；外攘邪恶，使祸害不干。比之琴瑟，不可以孑弦求五音也；方之甲胄，不可以一札待锋刃也。何者，五音合用不可阙，而锋刃所集不可少也。凡养生者，欲令多闻而体要，博见而善择，偏修一事，不足必赖也。

『又患好事之徒，各仗其所长，知玄素之术者，则曰唯房中之术，可以度世矣；明吐纳之道者，则曰唯行气可以延年矣；知屈伸之法者，则曰唯导引可以难老矣；知草木之方者，则曰唯药饵可以无穷矣。学道之不成就，由乎偏枯之若此也。浅见之家，偶知一事，便言已足，而不识真者，虽得善方，犹更求无已，以消工弃日，而所施用，意无一定，此皆两有所失者也。

譯文

『所以，如果不是平时就积德行善，就不足以感动神明；如果不是真挚亲切，殷勤备至，就不能结交师友；如果没有卓著功勋、丰功伟绩，就不能承担大业；还有，如果没有碰到高明的老师，却要求重要的道术，也是不可能的。成仙的关键要素是九转神丹、黄金溶液。但事关重大，费用昂贵，仓促间无法办到。这样，养精蓄锐，爱惜元气，就是最急切的措施了，另外，再服些稍差的药物去益寿延年，学习浅近的法术驱邪避恶，才可以渐渐深入到精深微妙的道术中。』

有人说：『的确难以把众多方术掌握得精通，除了置办金丹外，其余各种方术都是可以学习的，那么学习哪一种最好呢？』

抱朴子说：『如果还没有得到最重要的大道术，那么就不能不广泛地知晓各种小道术。因为要借助各种方术来共同促成长生不死。就大的方面来说，就好比国王处理政事，文、武、礼仪、律令，缺一不可。就小的方面来比喻，就好比工匠造车，辕、辋、轴、辖都得齐备。

『那么所修炼的方术，在身内，炼其形体精神，使自己延年益寿，除病化疾；在身外，排除邪恶，使得祸害不来侵犯。譬如琴瑟，不能用单个的琴弦追求五音，比如甲胄，不能用一片承受刀锋。为什么呢？五音要联合运用，才能奏出和谐的音符；刀锋所砍的铠甲，一片是无法承受刀的力量的。凡是养生的，都想让自己见闻广博、领会要旨、增长见识、善于抉择，只是单独修炼一件事，不能期望成功。

『又担心好事之人，各自依仗自己的长处，迷惑别人，懂得玄女、素女的道术的，就说凭此房中术才能在人世平安度过天年；明白吐故纳新的道术的，就说只有借运行真气才能延缓衰老；精通草卉树木的方剂的，就说只有服药，才能长命不衰，青春永驻，学习道术不能成功，是由于像这样褊狭。见识短浅的人偶然懂得一件事，就认为已经足够了，但不识道术的人，虽已得到好的方法，但还不懈追求，耗费工夫，浪费时日，而所运用的方法又不一定正确，这两者都是各执一端，势必有所闪失。

原文 『或本性戆钝，所知殊尚浅近，便强入名山，履冒毒螫，屡被中伤，耻复求还。或为虎狼所食，或为魍魉所杀，或饿而无绝谷之方，寒而无自温之法，死于崖谷，不亦愚哉？夫务学不如择师，师所闻素狭，又不尽情以教之，因告云，为道不在多也。夫为道不在多，自为已有金丹至要，可不用余耳。然此事知之者甚希，宁可虚待不必之大事，而不修交益之小术乎？

『譬犹作家，云不事用他物者，盖谓有金银珠玉，在乎掌握怀抱之中，足以供累世之费者耳。苟其无此，何可不广播百谷，多储果疏乎？是以断谷辟兵，厌劾鬼魅，禁御百毒，治救众疾，入山则使猛兽不犯，涉水则令蛟龙不害，经瘟疫则不畏，遇急难则隐形，此皆小事，而不可不知，况过此者，何可不闻乎？』

或曰：『敢问欲修长生之道，何所禁忌？』抱朴子曰：『禁忌之至急，在不伤不损而已。按《易内戒》及《赤松子经》及《河图记命符》，皆云：天地有司过之神，随人所犯轻重，以夺其算，算减则人贫耗疾病，屡逢忧患，算尽则人死，诸应夺算者有数百事，不可具论。又言身中有三尸，三尸之为物，虽无形，而实魂灵鬼神之属也。欲使人早死，此尸当得作鬼，自放纵游行，享人祭酹。

譯文

『有的人本性愚笨，所懂得的又很浅薄，就急于进入名山，践踏和冒犯毒虫，多次被损伤，又不好意思返回。导致有的被虎狼吃掉，有的被鬼魅杀死，有的饥饿却没有断绝五谷的方法，寒冷却没有自求温暖的方法，死在深山峡谷，这不是很愚蠢的吗？致力于学道的人，不能无师自通，但有些老师所知道的不仅狭窄，还不尽心尽力地教导学生，只告诉他们说：学习道术不必学得多。而学习道术不必学得多，是指在已经拥有了最重要的金丹术的情况下，可以不用其他的方法了。但这一点懂得很少，却白白等待不可能实现的大事，而不去修炼能普遍带来好处的小道术，这样做对吗？

『譬如说理家过日子，因为拥有金银财宝，而且已经掌握在自己手中，足以供几代人消费了，所以不必从事其他事务。如果没有这些珍宝，怎么能不广泛地播种百谷，多多地储备果类蔬菜呢？所以，断绝谷物，回避兵刃，抑制鬼魅，抵御百毒，治病救命，进入深山，才能不被猛兽侵犯；渡过江河，能不被蛟龙伤害；经历瘟疫，能无所畏惧；遇到急难，能隐藏形体。这些虽都是小事，但却不能不知晓，更何况胜过这些的大道术更要去了解了。』

有人又说：『请问修炼长生不老之术，有什么禁忌吗？』抱朴子回答：『禁忌最重要的一点，就是不伤害和不破损身体。按照《易内戒》、《赤松子经》和《河图记命符》所说：天地间有掌管过错的神仙，他们按照世人所犯错误的轻重来夺去人们的「算」，人减少了「算」就贫苦、染上疾病，就会屡次碰到忧患，「算」尽了，人就死了，有好几百种应该夺去「算」的缘由，不能一一论定。又说：人的身上有「三尸」，这「三尸」作为一种东西，虽然没有形体，但实际上是鬼神魂灵之类。它们希望人们早点死亡，这样「三尸」才能成为鬼怪，从而放纵游荡，享受人们的祭品。

原文 『是以每到庚申之日，辄上天白司命，道人所为过失。又月晦之夜，灶神亦上天白人罪状。大者夺纪。纪者，三百日也。小者夺算，算者三日也。吾亦未能审此事之有无也。然天道邈远，鬼神难明。赵简子、秦穆公皆亲受金策于上帝，有土地之明征。山川草木，井灶洿池，犹皆有精气，人身之中，亦有魂魄，况天地为物之至大者，于理当有精神，有精神则宜赏善而罚恶，但其体大而网疏，不必机发而响应耳。

『然览诸道戒，无不云欲求长生者，必欲积善立功，慈心于物，恕己及人，仁逮昆虫，乐人之吉，愍人之苦，赒人之急，救人之穷，手不伤生，口不劝祸，见人之得如己之得，见人之失如己之失，不自贵，不自誉，不嫉妒胜己，不佞谄阴贼，如此乃为有德，受福于天，所作必成，求仙可冀也。

『若乃憎善好杀，口是心非，背向异辞，反戾直正，虐害其下，欺罔其上，叛其所事，受恩不感，弄法受赂，纵曲枉直，废公为私，刑加无辜，破人之家，收人之宝，害人之身，取人之位，侵克贤者，诛戮降伏，谤讪仙圣，伤残道士，弹射飞鸟，刳胎破卵，春夏燎猎，骂詈神灵，教人为恶，蔽人之善，危人自安，佻人自功，坏人佳事，夺人所爱，离人骨肉，辱人求胜。

译文 『所以，每当到了庚申这一天，它们就上天去报告司命神，诉说人们所犯的过失。还有，在每月最后一天的夜晚，灶神也要上天禀告人的罪状。过错大的，被夺去「纪」。一纪就是三百天。过错小的，被夺去「算」。一算就是三天。我也不清楚这些事是否真实。然而天道遥远，鬼神难测，赵简子、秦穆公都从上帝那儿亲自接受了黄金简策，作为拥有土地的明确证据。山川草木、井灶洿池，尚且都有精灵之气；人的身上，也应该有魂魄；何况天地作为万物的主宰，按理也应当有精灵神怪，有精灵神怪，就应该奖善罚恶，但是，天地的形体庞大而法网疏漏，不会像触动机关那样射发，像回音那样迅速回应罢了。

『然而，纵观各类道术的戒律，没有不说到追求长生不死的人，一定要积累善事，建立功德。对万事万物慈悲为怀，用自己的心推想别人的心，不伤害昆虫。以别人的吉祥为快乐，怜悯别人的痛苦，在别人急难时赈济他，救人于穷困之中。手不伤害生灵，嘴不劝勉祸事，见到别人有所得如同自己有所得，见别人有所损失如同自己有所损失，不把自己看得很高贵，不自己称誉自己，不嫉妒超过自己的人，不谄媚阴险的贼人，这样才叫有德行，从上天那里接受福荫，那么做事一定会成功，进而才有希望求习神仙之道。

『如果憎恶善良，喜好杀生，口是心非，翻脸不认账，反对正直的人，虐待迫害比自己地位低的人，欺哄蒙骗比自己地位高的人，玩忽职守，知恩不报，蔑视法律，收受贿赂，放纵理屈者，冤枉正确的，损公肥私，对无罪者施加刑罚，破坏别人的家庭，收受人家的珍宝，残害别人的身体，谋取别人的地位，侵犯贤能，诛杀投降者，诽谤仙人圣哲，残害道士，用弹子射杀飞鸟，挖出牲畜的胎儿，击破禽鸟的蛋卵，春天、夏天焚烧原野打猎，咒骂神灵，教人作恶，遮掩别人的优点，使别人危险而自己安全，窃取别人的成绩作为自己的功劳，破坏别人的好事，夺取别人的爱物，离散人家的骨肉，侮辱别人从而压倒他们。

原文

『取人长钱，还人短陌，决放水火，以术害人，迫胁尫弱，以恶易好，强取强求，掳掠致富，不公不平，淫佚倾邪，凌孤暴寡，拾遗取施，欺绐诳诈，好说人私，持人短长，牵天援地，咒诅求直。

『假借不还，换贷不偿，求欲无已，憎拒忠信，不顺上命，不敬所师，笑人作善，败人苗稼，损人器物，以穷人用，以不清洁饮饲他人，轻秤小斗，狭幅短度，以伪杂真，采取奸利，诱人取物，越井跨灶，晦歌朔哭。

『凡有一事，辄是一罪，随事轻重，司命夺其算纪，算尽则死。但有恶心而无恶迹者夺算，若恶事而损于人者夺纪，若算纪未尽而自死者，皆殃及子孙也。诸横夺人财物者，或许其妻子家口以当填之，以致死丧，但不即至耳。其恶行若不足以煞其家人者，久久终遭水火劫盗，及遗失器物，或遇县官疾病，自营医药，烹牲祭祀所用之费，要当令足以尽其所取之直也。

『借取别人大量的钱财，却只偿还人家很少的数量，决水放火，设方术害人，胁迫瘦小虚弱的人，用坏的东西换取别人好的，强行夺取强行索要，掳掠别人的财物使自己达到富足，不讲公平，淫逸邪僻，欺凌孤寡之人并对他们施以暴力，拾取别人遗失的财物，收取别人的施舍，诳诈欺骗，喜好说人家的私事，一旦抓住别人的短处就扯天攀地，用诅咒去掩盖理亏。

『借债不偿还，私欲苛求没有休止，憎恶拒绝忠诚和信义，不依顺上级的命令，不尊敬师长，讥笑别人做的好事，损坏别人的禾苗庄稼，破坏别人的器物，造成别人的财物穷尽，用不清洁的东西给别人吃喝，卖东西用轻秤小斗，窄幅面、短尺寸，以假乱真，牟取利润，骗别人的钱财，凌越井栏，跨过灶头，早晨高歌，夜间号哭等。

『这些事中只要有一桩，就是一重罪过，根据事情性质的轻重，司命之神削夺他们的「算」和「纪」，「算」尽就会死去。如果因为有邪恶的行为损害了别人被夺去「纪」，如果被罚的时光还没受尽就自行死亡的，就会祸及自己的子孙。那些蛮横夺取别人财物的人，上天就会算计他的妻子儿女或家里其他人来补足受祸殃的时光，甚至导致家人的死亡，只是死亡不会马上到来而已。如果他的邪恶行为不足以祸及自己的家人，不久的将来总会遭到水火之灾或被人偷盗，或丢失东西，或者遭遇疾病，必须自己购买医药，烹杀牲口祭祀神灵，所花费用，总会使他把获得的钱财都赔进去。

原文 『故道家言枉煞人者，是以兵刃而更相杀。其取非义之财，不避怨恨，譬若以漏脯救饥，鸩酒解渴，非不暂饱而死亦及之矣。其有曾行诸恶事，后自改悔者，若曾枉煞人，则当思救济应死之人以解之。若妄取人财物，则当思施与贫困以解之。若以罪加人，则当思荐达贤人以解之。

『皆一倍于所为，则可便受吉利，转祸为福之道也。能尽不犯之，则必延年益寿，学道速成也。夫天高而听卑，物无不鉴，行善不怠，必得吉报。羊公积德布施，诣乎皓首，乃受天坠之金。蔡顺至孝，感神应之。郭巨煞子为亲，而获铁券之重赐。

『然善事难为，恶事易作，而愚人复以项托、伯牛辈，谓天地之不能辨臧否，而不知彼有外名者，未必有内行，有阳誉者不能解阴罪，若以荠麦之生死，而疑阴阳之大气，亦不足以致远也。盖上士所以密勿而仅免，凡庸所以不得其欲矣。』

或曰：『道德未成，又未得绝迹名山，而世不同古，盗贼甚多，将何以却朝夕之患，防无妄之灾乎？』抱朴子曰：『常以执日，取六癸上土，以和百叶薰草，以泥门户方一尺，则盗贼不来，亦可取市南门土，及岁破土，月建土，合和为人，以著朱鸟地，亦压盗也。

譯文 『所以道家说，枉杀别人，是用兵刃来杀自己。那些谋取不义之财的人，不顾忌别人的怨恨，譬如用腐臭的干肉充饥，饮鸩止渴，不是不能解决暂时的温饱，但死亡也紧随着来到了。至于那些曾经做过坏事，自己要改过，如果曾经枉杀了人，就应设法救济应该死的人来解救自己。如果无故夺取别人的财物，就应当施与贫困者来解脱自己。如果曾强加罪于人，就应当推荐贤人来解救自己。

『要多做好事，加倍补偿自己的过失，才可享受吉祥福荫，转祸为福。如果能完全不再犯这些过错，就必定会益寿延年，学道也会很快成功。苍天虽高高在上，听闻却很低卑，凡是人间琐事没有不明察的，因此坚持做善事，一定会有好报。如晋代羊祜积善修德，到白发满头的年纪，上天降下金雨赏赐他。蔡顺有至孝之心，感动天神帮助他。郭巨为孝顺父母想活埋自己的儿子，获得了可世代享受特权的铁券。

『可是好事难做，坏事易做，愚笨的人用项托、伯牛的例子来证明天地不能分辨好坏，却不知那些人虚有其名，并无内在的品行，表面上被人赞誉，但却不能解脱私底下的罪孽，如果以荞麦冬生夏枯这一反常的现象来怀疑阴阳大气的规律，也不足以用到远大的事业上。这大概就是上等人士勤勉努力而免于灾祸，凡夫俗子不能如愿的缘故吧？』

有人说：『仙道修不成，又不能到名山去隐居，而且现在的世风也不同于古代，盗贼很多，那么怎样躲避飞来的横祸，又怎样预防一定会来的灾祸呢？』抱朴子回答：『应当在执日，用甲寅这天的土，掺和着柏叶薰草，来涂抹门户，方圆一尺抹好，盗贼就不会来；也可以把市南门取的土、太岁那天取的土、月建那天取的土，混合在一起制作成人形，放在南方朱雀之地，这也能镇住盗贼。

【原文】『有急则入生地而止，无患也，天下有生地，一州有生地，一郡有生地，一县有生地，一乡有生地，一里有生地，一宅有生地，一房有生地。』

或曰：『一房有生地，不亦偪乎？』抱朴子曰：『经云，大急之极，隐于车轼。如此，一车之中，亦有生地，况一房乎？』

或曰：『窃闻求生之道，当知二山，不审此山，为何所在？愿垂告悟，以祛其惑。』

抱朴子曰：『有之，非华、霍也，非嵩、岱也。夫太元之山，难知易求，不天不地，不沉不浮，绝险绵邈，崔嵬崎岖，和气䌸缊，神意并游，玉井泓邃，灌溉匪休，百二十官，曹府相由，离坎列位，玄芝万株，绛树特生，其宝皆殊，金玉嵯峨，醴泉出隅，还年之士，挹其清流，子能修之，乔松可俦，此一山也。

『长谷之山，杳杳巍巍，玄气飘飘，玉液霏霏，金池紫房，在乎其隈，愚人妄往，至皆死归，有道之士，登之不衰，采服黄精，以致天飞，此二山也。皆古贤之所秘，子精思之。』

【譯文】『一旦有急难，进入可以保全生命的地方，就可以免除祸患了。天下有保全生命之地，一州、一郡、一县、一乡、一里、一个住宅，就连一个房间都有保全生命之地。』

有人说：『一个房间都有保全生命之地，不是太密集了吗？』抱朴子说：『经书上说：「最急切时，可以躲在车轼后面。」如此看来，一车之中，尚有保全生命之地，何况一间房子呢？』

有人说：『我听说追求长生的道术，应当知道两座山，不知道这两座山在什么地方？希望您能告诉我，解除我心中的疑惑。』

抱朴子说：『有。不是华山、霍山，也不是嵩山、岱山。那太元山，难以知晓却容易寻求，不顶天不立地，不沉不浮，奇险绵远，高峻崎岖，中和之气弥漫充溢，悠游地飘荡着精神意念，玉井深邃，灌溉的清水源源不绝，又有一百二十个仙官，官署一一相连，各自排列着上下丹田，里面还有一万株黑色的灵芝，独立生长着鲜红的奇树，这些宝物都很奇特，高耸着金子玉石，纯醴甘泉从金玉石上面涌出，那些返老还童的士人，捧起清澈的流水，如果您能修炼，也可以达到王子乔、赤松子的长寿，这是其中一座山。

『另一座是长谷山，高峻的山上迷迷茫茫，飘荡着黑色的云气，白色的液体四处纷飞，金色的水池，紫色的房间就在旁边，如果愚笨的人胡乱闯进去，那么都会在回来后死去，只有得道之人，屡次登山也不会衰老，他们采食元气中的精华，以达到飞天升仙的愿望，这是第二座山。这是古代圣贤秘而不传的东西，你要仔细考虑一下。』

原文

或曰：『愿闻真人守身炼形之术。』抱朴子曰：『深哉问也！夫始青之下月与日，两半同升合成一。出彼玉池入金室，大如弹丸黄如橘，中有嘉味甘如蜜，子能得之谨勿失。既往不追身将灭，纯白之气至微密，升于幽关三曲折，中丹煌煌独无匹，立之命门形不卒，渊乎妙矣难致诘。此先师之口诀，知之者不畏万鬼五兵也。』

或曰：『闻房中之事，能尽其道者，可单行致神仙，并可以移灾解罪，转祸为福，居官高迁，商贾倍利，信乎！』抱朴子曰：『此皆巫书妖妄过差之言，由于好事增加润色，至令失实。或亦奸伪造作虚妄，以斯诳世人，隐藏端绪，以求奉事，招集弟子，以规世利耳。夫阴阳之术，高可以治小疾，次可以免虚耗而已。

『其理自有极，安能致神仙而却祸致福乎？人不可以阴阳不交，坐致疾患。若欲纵情恣欲，不能节宣，则伐年命。善其术者，则能却走马以补脑，还阴丹以朱肠，采玉液于金池，引三五于华梁，令人老有美色，终其所禀之天年。而俗人闻黄帝以千二百女升天，便谓黄帝单以此事致长生，而不知黄帝于荆山之下，鼎湖之上，飞九丹成，乃乘龙登天也。黄帝自可有千二百女耳，而非单行之所由也。

『凡服药千种，三牲之养，而不知房中之术，亦无所益也。是以古人恐人轻恣情性，故美为之说，亦不可尽信也。玄素谕之水火，水火煞人，而又生人，在于能用与不能耳。大都知其要法，御女多多益善，如不知其道而用之，一两人足以速死耳。彭祖之法，最其要者。其他经多烦劳难行，而其为益不必如其书。人少有能为之者，口诀亦有数千言耳。不知之者，虽服百药，犹不能得长生也。』

譯文 有人说：『我想听见得道者持守自身、修炼形体的方术。』抱朴子说：『这个问题问得很深刻。先师的口诀说：「原始的蓝天下，有月亮与太阳，两部分共同升起合二为一。从玉池中出来进入金房，有弹丸样大小，像橘子那样金黄，中间有美妙的滋味，像蜜糖一样甜美，你如果能得到它，一定要谨慎地保护，不要丢失。一旦失去就找不回来了，自身也会被毁灭，纯白而细密的气体，升腾在丹田幽关的曲折处，中丹炼成辉煌无比，固定在生命的门户，形体就不会消失，深邃高妙难以打破沙锅问到底。」懂得这个道理的人不怕各种鬼怪和千般兵器。』

有人问：『我听说完全懂得房中之术的人，可以单独施行此术而达到神仙境界，并且可以转移灾祸、解除罪恶，变祸为福，为官将步步高升，做生意的能加倍赢利，这话是真的吗？』抱朴子说：『这些都是巫书中装神弄鬼、胡说八道的言论，再由好事者添枝加叶，致使造成了失实的情况。有的也可能是奸诈者编造的假话，来欺骗世人，藏头去尾，断章取义，去寻求追随者，然后招集弟子，来坑蒙世人的利益罢了。阴阳交接的方术，高明的可以治疗小病，低劣的只能避免体虚消耗而已。『那效用本是有限的，怎么能有带来求仙得道、避祸得福的效果呢？人不能不进行阴阳相交，不然会带来疾病祸患。但如果要放纵性欲，恣意享乐，不能有所节制与疏导，就会减损生命。擅长这种法术的人，能够节制泄精，补益大脑，养精蓄锐，使肠胃血液充实，到金池中采回玉液，到丹田穴引来神、气、意，使得人虽衰老但有美好的姿色，保持他所禀持的天年直至终老。而世人听说黄帝凭借与一千二百个女子发生性关系而成仙，就以为黄帝只是凭着这件事而得以长生不老，却不知道黄帝在荆山下、鼎湖上，飞炼九丹，才乘蛟龙升入天庭的。黄帝自然可以拥有一千二百名女子，但并不只是行房中术就可以了。

『大凡只服食一千种药物，靠着牛、羊、猪肉的供养，却不懂得房中术的，也不会有所增益。所以古人害怕人们放纵情欲，因此美化这种说法，也是不可以完全相信的。如果用水和火来比喻玄女、素女的方术，那么水火既能使人死亡，又能使人生存，关键在于能够运用和不能运用。大凡人们都知道只要掌握主要的方法，男女交合就越多越好，如果并不懂这种道术却胡乱施用，与一两人交合就可招致死亡。在彭祖的方法中，这是最主要的。其他经典大都繁杂难以实行，它们带来的好处，不一定像书上写的那样。很少有人能具体施行房中术，口诀也只有几千字。但不懂得这些，即使服用各种药物，仍然不能求得长生不死啊。』

塞难

原文 或曰：『皇穹至神，赋命宜均，何为使乔、松凡人受不死之寿，而周、孔大圣无久视之祚哉？』抱朴子曰：『命之修短，实由所值，受气结胎，各有星宿。天道无为，任物自然，无亲无疏，无彼无此也。

『命属生星，则其人必好仙道。好仙道者，求之亦必得也。命属死星，则其人亦不信仙道。不信仙道，则亦不自修其事也。所乐善否，判于所禀，移易予夺，非天所能。譬犹金石之消于炉冶，瓦器之甄于陶灶，虽由之以成形，而铜铁之利钝，瓮罂之邪正，适遇所遭，非复炉灶之事也。』

或人难曰：『良工所作，皆由其手。天之神明，何所不为？而云人生各有所值，非彼昊苍所能匠成，愚甚惑焉，未之敢许也。』抱朴子答曰：『浑茫剖判，清浊以陈，或升而动，或降而静，彼天地犹不知所以然也。万物感气，并亦自然，与彼天地，各为一物，但成有先后，体有巨细耳。有天地之大，故觉万物之小。有万物之小，故觉天地之大。且夫腹背虽包围五脏，而五脏非腹背之所作也。肌肤虽缠裹血气，而血气非肌肤之所造也。

『天地虽含囊万物，而万物非天地之所为也。譬犹草木之因山林以萌秀，而山林非有事焉。鱼鳖之托水泽以产育，而水泽非有为焉。俗人见天地之大也，以万物之小也，因曰天地为万物之父母，万物为天地之子孙。夫虱生于

我，岂我之所作？故虱非我不生，而我非虱之父母，虱非我之子孙。蠛蠓之育于醯醋，芝檽之产于木石，蝎之滋于污淤，翠萝之秀于松枝，非彼四物所创匠也，万物盈乎天地之间，岂有异乎斯哉？

有人说：『皇天最神明，赋予人的生命应该相同，为什么让王子乔、赤松子这样平凡的人接受不死的长寿，而周公、孔子等大圣人却没有长寿的福分呢？』抱朴子回答：『由于个人自身的遭遇，造成个人寿命有长有短，当人禀受生气，结为胚胎时，就有各自的星宿。天道无法勉强，任事物自然发展，无所谓亲近，也无所谓疏远，没有彼此之别。

『寿命归属长生的星宿，这个人一定是爱好神仙道术。而爱好神仙道术的人，追求仙道一定能成功。寿命属于死亡的星宿，一定是不相信神仙道术的人。而不相信神仙道术的人，自然也不会去修炼仙道。人喜好的好与坏，区别在于人的禀性，祸福的转移、变易、给予、舍弃，并不是上天所能决定的。譬如金属石头在炉火中消熔，瓦制器皿在陶灶中烧成，虽然都由于火才能形成，但是由于遭遇到的因素不同，钢铁器皿或利或钝，缸碗有正圆歪斜，不是由于炉灶的原因造成的。』

有人非难说：『巧匠所制作的器物，都是经他们的手而来，上天神明，有什么做不到呢？你却说人生各有各自的遭遇，不是苍天造成的，我这个愚蠢的人太迷惑了，不敢同意你的观点。』抱朴子回答说：『天地之初，混沌分而为二，清气上升成为天，浊气下降成为地，这些天地尚且不知道为什么会这样。万物感受元气，也都是很自然的，和天地一样各自作为一种事物，只是成形有先有后，形体有大有小罢了。因为天地巨大，才觉得万物渺小。因为万物渺小，才觉得天地巨大。而且人的五脏被腹腔背部所包围；但不是腹腔背部制造了五脏。肌肤虽然缠绕包裹着血气，但血气却不是肌肤所创造的。

『虽然天地囊括了万物，但不是天地制造了万物。譬如草木是因为在山林而萌发旺盛的，但山林并没有做什么。鱼鳖依托水泽来生育繁衍，但水泽却没有什么努力。俗世之人看见天地是巨大的，万物是渺小的，就认为天地是万物的父母，万物是天地的子孙。那么虱子生在我身上，难道是我创造了虱子吗？如果没有我虱子就不能生长，但我却不是虱子的父母，虱子并不是我的子孙。蠛蠓在酸醋里生长，灵芝檽木在木头和石头间生长，孑孓在污泥污水中滋生，翠萝在松枝上茂盛，都并不是那四种事物所创造的，万物在天地之间充斥生长，难道与这个道理有什么不同吗？

原文

『天有日月寒暑，人有瞻视呼吸，以远况近，以此推彼，人不能自知其体老少痛痒之何故，则彼天亦不能自知其体盈缩灾祥之所以；人不能使耳目常聪明，荣卫不辍阂，则天亦不能使日月不薄蚀，四时不失序。由兹论之，夭寿之事，果不在天地，仙与不仙，决在所值也。

『夫生我者父也，娠我者母也，犹不能令我形器必中适，姿容必妖丽，性理必平和，智慧必高远，多致我气力，延我年命；而或矬陋尫弱，或且黑且丑，或聋盲顽嚚，或枝离劬蹇，所得非所欲也，所欲非所得也，况乎天地辽阔者哉？父母犹复其远者也。我自有身，不能使之永壮而不老，常健而不疾，喜怒不失宜，谋虑无悔吝。

『故授气流形者父母也，受而有之者我身也，其余则莫有亲密乎此者也，莫有制御乎此者也。二者已不能有损益于我矣，天地亦安得与知之乎？必若人物皆天地所作，则宜皆好而无恶，悉成而无败，众生无不遂之类，而项、杨无春凋之悲矣。

『子以天不能使孔孟有度世之祚，益知所禀之有自然，非天地所剖分也。圣之为德，德之至也。天若能以至德与之，而使之所知不全，功业不建，位不霸王，寿不盈百，此非天有为之验也。

譯文

『天有日月寒暑，人有瞻视呼吸，以浅显的道理来比喻深刻的道理，以此推彼，人不能自知自己的身体为什么有衰老、幼小、痛痒，那么上天当然也不能知道自己盈满、亏损、祸灾、吉祥的道理；人们尚且不能使自己的耳朵和眼睛经常保持聪敏清亮，不能阻隔荣气和卫气，那么天也不能使得日月不相互遮掩，四季不失正常运转的顺序。由此而论，夭折长寿之事，果然不是天地决定的，成仙与不成仙，取决于人们所遭遇的星宿。

『生我的是父亲，怀我的是母亲，也不能使我形体适中，容貌艳丽，性格平和，聪明伶俐，多多给我力气，延长我的寿命。从而有的孩子短小、丑陋、羸弱，有的又黑又丑，有的耳聋眼瞎，又愚笨又顽固，有的形体不全而佝偻跛行，所生的孩子并不是自己想要的，想要的又不是自己所得到的，况且天地这么辽阔，以父母作比方是很遥远的。我们虽有自己的身体，但不能使自身永远强壮不衰老，健康不生病，喜怒不失常态，做什么事都不后悔。

『父母传给我们生气、形成形体，接受这些而拥有它们的是我们的身体，其余的就没有比这更亲密的，但没有谁能驾驭控制得了自己。父母已经不能再对我有所帮助了，那么，天地又怎么能知道我们的命运呢？如果一定说人类都是由天地所制造的，那么人人都应该是美好的而没有邪恶的，都应该是成功者而没有失败者，各种生物都应该顺心随意，不会有项托和杨乌在春日就凋谢的悲哀了。

『您认为上天使孔孟有长享人世的福气，更应该知道人的禀性是有自然规律的，并不是天地所注定的。圣明作为道德，是道德的最高境界。上天如果能把最好的品德给他们，却又使他们了解得不全面，不能建功立业，不能称王称霸，寿命不超过一百岁，这并不是上天有所施予的证据吧？

原文 『圣人之死，非天所杀；则圣人之生，非天所挺也。贤不必寿，愚不必夭，善无近福，恶无近祸，生无定年，死无常分。盛德哲人，秀而不实，窦公庸夫，年几二百；伯牛废疾，子夏丧明；盗跖穷凶而白首，庄跻极恶而黄发。天之无为，于此明矣。』

或曰：『仲尼称自古皆有死，老子曰神仙之可学。夫圣人之言，信而有征，道家所说，诞而难用。』抱朴子曰：『仲尼，儒者之圣也；老子，得道之圣也。儒教近而易见，故宗之者众焉。道意远而难识，故达之者寡焉。道者，万殊之源也；儒者，大淳之流也。三皇以往，道治也。帝王以来，儒教也。『谈者咸知高世之敦朴，而薄季俗之浇散，何独重仲尼而轻老氏乎？是玩华藻于木末，而不识所生之有本也。何异乎贵明珠而贱渊潭，爱和璧而恶荆山？不知渊潭者，明珠之所自出，荆山者，和璧之所由生也。且夫养性者，道之余也；礼乐者，儒之末也。所以贵儒者，以其移风易俗，不唯揖让与盘旋也。所以尊道者，以其不言而化行，非独养生之一事也。』

譯文

『圣人死亡，并不是上天剥夺了他们的生命，那么圣人的生存也不是上天安排的。圣贤不见得长寿，愚笨之人不见得夭折，行善不见得马上就有福运降临，作恶也不见得马上就有灾祸临头，生存没有一定的年寿，死亡也没有一定的限制，有盛德的哲人，好像只开花不结果，而像窦公那样的凡俗之人，寿命却可以长达二百岁，伯牛得了痼疾，子夏失明，盗跖极为凶险却活到白头，庄跻极其邪恶却长寿而终，上天不强行做什么，从这里就可以明白了。』

有人说：『孔子说「从古到今，人都有一死」，老子讲「仙道是可以学到的」。可见儒家圣贤的言论，真实而有证据，道家的说辞，荒诞不经。』抱朴子说：『孔子是儒家的圣人；老子是得道的圣人。儒家的说教浅显易懂，所以学习的人就多。道家的意旨高远而难以辨识，所以通晓的人就少。道家是世间万象的源头。儒学是最淳厚时代的支流。三皇以前是用道教治理天下。有了帝王以后，是用儒教治理天下的。

『讨论问题的人都知道远古时代的敦厚之风，看不起末世风俗的轻浮，那又为什么单单看重孔子而轻视老子呢？这好比赏玩大树枝杈的华美，却不知道它是有根本的。这与看重明珠而轻视深渊，爱和氏璧却厌恶荆山有什么不同呢？这是因为这些人不知道明珠出自深渊，和氏璧发现于荆山。而且，修身养性，只是道家的小技；礼乐制度，只是儒家的末节。因为儒家能改变风俗，不仅仅是打躬作揖，回旋周转，所以人们看重它。因为道家在潜移默化中改变人，不只是能修身养性这一件事，所以人们尊重它。

原文『若儒、道果有先后，则仲尼未可专信，而老氏未可孤用。仲尼既敬问伯阳，愿比老、彭，又自以知鱼鸟而不识龙，喻老氏于龙，盖其心服之辞，非空言也，与颜回所言「瞻之在前，忽然在后，钻之弥坚，仰之弥高」无以异也。』

或曰：『仲尼亲见老氏而不从学道，何也？』抱朴子曰：『以此观之，益明所禀有自然之命，所尚有不易之性也。仲尼知老氏玄妙贵异，而不能挹酌清虚，本源大宗，出乎无形之外，入乎至道之内，其所咨受，止于民间之事而已，安能请求仙法耶？忖其用心汲汲，专于教化，不存乎方术也。『仲尼虽圣于世事，而非能沉静玄默，自守无为者也。故老子戒之曰：「良贾深藏若虚，君子盛德若愚，去子之骄气与多欲，态色与淫志，是无益于子之身。」此足以知仲尼不免于俗情，非学仙之人也。夫栖栖遑遑，务在匡时；仰悲凤鸣，俯叹匏瓜；沽之恐不售，忼概思执鞭，亦何肯舍经世之功业，而修养生之迂阔哉？』

或曰：『儒、道之业，孰为难易？』抱朴子答曰：『儒者，易中之难也；道者，难中之易也。夫弃交游，委妻子，谢荣名，损利禄，割粲烂于其目，抑铿锵于其耳，恬愉静退，独善守己，谤来不戚，誉至不喜，睹贵不欲，居贱不耻，此道家之难也。』

譯文『如果儒家、道家果真有优劣之别，那么孔子也不可一味相信，老子也不能全盘肯定。孔子既然尊敬地向伯阳请教，愿意将自己与老子、彭祖相比。又说自己知道鱼、鸟，却不能辨识龙，孔子将老子比作龙，是真心佩服老子，而不是虚情假意的敷衍。这正像颜回钦佩孔子所说的老师之道，看起来在前，忽然却又到后面去了，越钻研越觉深奥，越抬头看越觉得深远。』

有人说：『孔子亲自见到老子，却不向他学习道术，这是为什么呢？』抱朴子说：『从这一点来看，更加证实了人的禀性是自然天成，所崇尚的有不可改变的性质。孔子知道老子的学说玄妙、奇特，而不能吸取他的清静虚无，以大道为本源，超脱到无形物的外面，深入到最高妙的道术之内，他所咨询、所接受的，只不过是民间的事情而已，又怎能请求了解神仙的法术呢？想来他的良苦用心，只在于教化民众，而不在于法术。

『孔子虽然致力于民间世务，但不能沉默安静，坚守无为之道。所以老子告诫他说：「好的商人深深隐藏着，好像很空虚，君子大智若愚，你应该除去众多傲气与很多欲望，神情姿态和过分的志向，这些对你的身体没有益处。」由此也可以知道孔子并不能摒除世俗的情感，不是修仙习道的人。整天四处奔忙，致力于匡正时事，抬头为凤凰鸣叫而悲哀，低头感叹瓠瓜派不上用场，想卖又怕卖不出去，感慨着想去驾驭马车，这种人又怎么肯舍弃经营时世的功业，去修炼迂远空阔的养生之道呢？』

有人问：『儒家和道家的事业，哪一个困难哪一个容易呢？』抱朴子回答说：『儒家的看似容易却很困难。道家的看似困难却很容易。抛弃交往，离开妻儿，谢绝荣誉功名，减损利益官禄，眼睛要割舍色彩的灿烂，耳朵要抑制铿锵的声响，恬静淡泊，善于独自持守，不为诽谤横来而悲戚，不为荣誉忽降而欢喜，看到显贵不会动心，身处低贱不以为耻，这是道家难做之处。

原文

『出无庆吊之望，入无瞻视之责，不劳神于七经，不运思于律历，意不为推步之苦，心不为艺文之役，众烦既损，和气自益，无为无虑，不怵不惕，此道家之易也，所谓「难中之易」矣。

『夫儒者所修，皆宪章成事，出处有则，语默随时，师则循比屋而可求，书则因解注以释疑，此儒者之易也。

『钩深致远，错综典坟，该《河》、《洛》之籍籍，博百氏之云云，德行积于衡巷，忠贞尽于事君，仰驰神于垂象，俯运思于风云，一事不知，则所为不通，片言不正，则褒贬不分，举趾为世人之所则，动唇为天下之所传，此儒家之难也，所谓「易中之难」矣。

『笃论二者，儒业多难，道家约易。吾以患其难矣，将舍而从其易焉。世之讥吾者，则比肩皆是也，可与得意者，则未见其人也。若同志之人，必存乎将来，则吾亦未谓之为希矣。』

譯文

『另外，出外没有庆贺哀吊的期望，回家没有瞻视的责任，不必在「七经」中劳神，不必在乐律历法上让思虑不宁，意念不为推求天文历法而苦恼，心不被经籍典章所役使，众多的烦恼既已减损，中和的元气自然增益，无所为无所忧虑，不必惊恐不必戒备，这是道家的容易处，这就是所谓「看似困难，却包含着容易」的道理。

『而儒家所修习的，都是遵循已有成规的事情，做官和隐退都有法则，言谈和沉默都符合时宜，要寻找老师，就沿着并排的屋子一间一间地寻找，要读书，就遵循着书下注解解除疑惑，这是儒家容易的地方。

『至于探求深奥的道理，交错综合各种典籍，兼通《河图》、《洛书》的纷纷胜义，博采诸子百家众多的学说。德行在民间有口皆碑，忠贞在侍奉君主时体现出来，抬起头来，神思飞驰在万里天空中，俯下身去，思维运转在人间的风云里，一件事不知道，则所做的就不通，一句话不正确，那么褒贬的言论就不明晰，举手投足成为世人所遵循的法则，开口动唇为天下人所传播，这是儒家之难，这就是所谓「看似容易，却包含着困难」的道理。

『实在地评论这两种理论，儒家的功业纷繁而艰难，道家的简约容易，我因为担心儒家的困难，将舍弃它而追随容易的道家。世上讥讽我的人很多。却没有可以理解我的。如果有与我志趣相投、意气相合者，哪怕存在于将来，那么我也不会认为是稀少的了。』

原文 或曰：『余阅见知名之高人，洽闻之硕儒，果以穷理尽性、研核有无者多矣，未有言年之可延，仙之可得者也。先生明不能并日月，思不能出万夫，而据长生之道，未之敢信也。』抱朴子曰：『吾庸夫近才，见浅闻寡，岂敢自许以拔群独识皆胜世人乎？顾曾以显而求诸乎隐，以易而得之乎难，校其小验，则知其大效，睹其已然，则明其未试耳。』

『且夫世之不信天地之有仙者，又未肯规也。率有经俗之才，当涂之伎，涉览篇籍助教之书，以料人理之近易，辨凡猥之所惑，则谓众之所疑，我能独断之，机兆之未联，我能先觉之，是我与万物之情，无不尽矣，幽翳冥昧，无不得也。

『我谓无仙，仙必无矣，自来如此其坚固也。吾每见俗儒碌碌，守株之不信至事者，皆病于颇有聪明，而偏枯拘系，以小黠自累，不肯为纯在乎极暗，而了不别菽麦者也。

『夫以管窥之狭见，而孤塞其聪明之所不及，是何异以一寻之绠汲百仞之深，不觉所用之短而云井之无水也。俗有闻猛风烈火之声而谓天之冬雷，见游云西行而谓月之东驰，人或告之，而终不悟信，此信己之多者也。

譯文　有人说：『我见过很多知名的高士，博闻的大儒和足以穷尽事物理性考察万物有无的人，都没有谈到寿命可以延长，可以获得求仙之道。您的神明不能与太阳月亮相比，思虑不能超出众人，却大谈长生之道，所以，我还是不能相信您。』抱朴子说：『我是个凡夫俗子，孤陋寡闻，哪敢自诩卓尔不群、见解独到，各方面都超过世人呢？只不过我曾经从显露的事物中追求到隐秘的事理，从粗浅的现象中得出了难以得出的结论，在小的试验里证实过，才知道大的效用，看清了已经发生的问题，就能推知还没试验过的情况。

『而世间不相信天地间有神仙的人又不肯探求。一般地说，人们有了经营俗务的才能，独当一面的技能，涉猎了古籍及帮助教化的书，以此来判断人间浅近和容易的事理，辨析凡俗的疑惑之处，众人所疑惑的，他自己却能独立判断，征兆还没有显现，他自己就能预先发觉，所以说我对万事万物的情况没有不穷尽的，幽深昏暗的道理没有不把握的。

『自认为没有神仙，神仙就一定没有了。他们从来就这样固执己见。我每次见到那些庸俗的儒生忙忙碌碌，拒不相信神仙学说，他们都犯有共同的毛病：有些小聪明，看问题偏颇，拘泥于成见，因为小聪明而自我拖累，不肯去探求，处在昏暗无知处，乃至不能区分大豆与小麦。

『凭着管窥之见，而堵塞住自己的聪明才智还没有达到的境界，这与用七尺长的绳子在一百仞的深井中提水，却不认为自己所用的绳子太短，反说井中无水有什么区别呢？俗人中有听狂风怒吼烈火噼啪的声音，就认为冬季上天也会打雷；看见游动的云彩向西飘行，就认为月亮在向东移动。告诉他们事情的真相，但他们却始终不觉悟、不相信，这种人过于自信了。

原文

『夫听声者，莫不信我之耳焉；视形者，莫不信我之目焉。而或者所闻见，言是而非。然则我之耳目，果不足信也，况乎心之所度，无形无声，其难察尤甚于视听，而以己心之所得，必固世间至远之事，谓神仙为虚言，不亦蔽哉？』抱朴子曰：『妍媸有定矣，而憎爱异情，故两目不相为视焉。雅郑有素矣，而好恶不同，故两耳不相为听焉。真伪有质矣，而趋舍舛忤，故两心不相为谋焉。以丑为美者有矣，以浊为清者有矣，以失为得者有矣。『此三者乖殊，炳然可知，如此其易也，而彼此终不可得而一焉，又况乎神仙之事，事之妙者，而欲令人皆信之，未有可得之理也。凡人悉使之知，又何贵乎达者哉？若待俗人之息妄言，则俟河之清，未为久也。吾所以不能默者，冀夫可上可下者可引致耳。其不移者，古人已末如之何矣。』

抱朴子曰：『至理之未易明，神仙之不见信，其来久矣，岂独今哉？太上自然知之，其次告而后悟，若夫闻而大笑者，则悠悠皆是矣。吾之论此也，将有多败之悔，失言之咎乎！夫物莫之与，则伤之者至焉。

『盖盛阳不能荣枯朽之木，神明不能变沉溺之性，子贡不能悦录马之野人，古公不能释欲地之戎狄，实理有所不通，善言有所不行。章甫不售于蛮越，赤舄不用于跣夷，何可强哉？夫见玉而指之曰石，非玉之不真也，待和氏而后识焉。见龙而命之曰蛇，非龙之不神也，须蔡墨而后辨焉。

『所以贵道者，以其加之不可益，而损之不可减也。所以贵德者，以其闻毁而不惨，见誉而不悦也。彼诚以天下之必无仙，而我独以实有而与之诤，诤之弥久，而彼执之弥固，是虚长此纷纭，而无救于不解，果当从连环之义乎？』

译文

『凡是听声音的人，没有人不相信自己耳朵的。看形体的人，没有人不相信自己眼睛的。然而，有时所见所闻也会与事实有所出入，既然如此，那么就连自己的耳朵眼睛，也不能完全相信。何况思维的运行轨迹既没有形体、又没有声音，它比视听更难于明察，这样，用自己的主观臆断去断定世间很深远的道理，认为神仙是假话，难道不是很不全面吗？』抱朴子说：『美与丑有一定的区别，但因为人的爱憎有情感上的差异，所以人的眼睛的感受还会不同。雅乐和郑声有不同的性质，然而喜好的标准有别，所以人的听觉也有区别。真实和虚假是不同的品质，但取舍也因为道德标准不同而各不一致，所以两个人还能心心相印。有人把丑陋的看作是美丽的，有人把混浊的当成是清澈的，有人却把失误视为成功。

『这三者的区别昭然可辨，但就像这种明显的差异，彼此间尚且不可能统一。又何况神仙的事情乃是事物中最为奇妙的，要想让每个人都相信，按道理说是不可能的。如果让凡人都知道了，那么通达之士还有什么特别的呢？如果要等到世俗之人平息狂妄的言论，那就是等到黄河水清了，也不算长久。我之所以不能保持沉默，是希望引导一下那些可以拉一拉上来、推一推下去的人。至于那些顽固不化的人，古人早已拿他们没办法了。』

抱朴子又说：『真理不容易明了，神仙的学说不易被人相信，由来已久，哪里只是今天呢？最聪明人的自然知晓，稍差点的告诉他然后就领悟了，至于那些听到道理就大笑的人，则比比皆是。我谈到这一点，大概会引起很多失败的后悔，会招致失口的错误吧！凡事物没有被赞同的话，就会有人来中伤了。

『火热的太阳不能使朽木欣欣向荣，神明不能改变堕落的天性，子贡不能够取悦捉走马的村民，古公不能解劝想要地的戎狄，实在是有理说不通，不善言辩。章甫的帽子不能在蛮越一带卖出，好鞋子不被赤脚的东夷民族使用，这怎么能勉强呢？见到玉却说是石头，这并非玉不是真的，是要等和氏来识别。把龙命名为蛇，不是龙不神奇，是要等蔡墨来辨识。

『「道」之所以高贵，是因为你赞扬它不会使它有所增益，被诋毁时它也不会有所减损。之所以要看重德行，是因为有德者遭到诋毁不会悲哀，有了荣誉不会骄傲。别人确实认为天下一定没有神仙，而我却认为实实在在存在神仙而与之争论，争论越久，别人越固执地坚持，这是白白助长矛盾，而对他没有补益，我是不是真的应该仿效齐国王后砸破连环的方法，来解决难以辩解的意见呢？』

释滞

原文 或问曰：『人道多端，求仙至难。非有废也，则事不兼济。艺文之业，忧乐之务，君臣之道，胡可替乎？』抱朴子答曰：『要道不烦，所为鲜耳。但患志之不立，信之不笃，何忧于人理之废乎？长才者兼而修之，何难之有？内宝养生之道，外则和光于世；治身而身长修，治国而国太平。

譯文 有人问道：『人事多头多绪，求仙又最难成功，如果要求的太多，不有所舍弃，那么事情就很难都做好。然而文章经典的研究学习，快乐的事情或是忧愁烦恼的事情，君主和臣民之间的一切道义，这些事情怎么可以废弃呢？』抱朴子回答道：『就道术而言，主要的道术其实并不像想象中的那样复杂繁琐，要真正去操作的只是很少的一部分。怕的是一个人的目标能不能确立，信心是不是很深厚，哪里还用得着去担心废弃人理呢？那些才能丰富的人往往兼修并炼，这些又有什么难处呢？在外面，内藏而不外露；对待自己，注重养生之道；如果一个人能做到这点，那样这个人去修身养性就会得到很好的涵养，去治理国家，就会使国家太平无事，呈现国泰民安的盛况。

原文 『以六经训俗士，以方术授知音；欲少留则且止而佐时，欲升腾则凌霄而轻举者，上士也。自持才力，不能并成，则弃置人间，专修道德者，亦其次也。

『昔黄帝荷四海之任，不妨鼎湖之举；彭祖为大夫八百年，然后西适流沙；伯阳为柱史，宁封为陶正，方回为闾士，吕望为太师，仇生仕于殷，马丹官于晋，范公霸越而泛海，琴高执笏于宋康，常生降志于执鞭，庄公藏器于小吏。

『古人多得道而匡世，修之于朝隐，盖有余力故也。何必修于山林，尽废生民之事，然后乃成乎？亦有心安静默，性恶喧哗，以纵逸为欢，以荣任为戚者。

『带索蓝褛，茹草操耜，玩其三乐，守常待终，不营苟生，不惮速死，辞千金之聘，忽卿相之贵者。无所修为，犹常如此，况又加之以知神仙之道，其亦必不肯役身于世矣。各从其志，不可一概而言也。』

譯文

『用六经去教育那些凡夫俗子，将道术传授给那些知己的人；如果你要想在人间停留，就留下来去辅佐国家的时政；若是想要升天，那么就乘云驾雾轻身离开，能做到这些的人就是最上等的得道之人。如果一个人凭着自己的才华和能力，不能成为全面成功的人，那么就应该抛弃掉寻求仙道的心念而留在人间，专心地去做道德修养之事的人，这样也比较好。

『古时黄帝肩负着治理整个天下的重担，但是这副重担却并不妨碍他在鼎湖骑龙飞升上天；彭祖这个人当上了大夫，在他八百岁的时候还西行到流沙国；老子曾经做过柱史，宁封曾做过陶正，而方回也曾做过闾士，吕望当过太师，仇生在殷汤之时也曾做过官，马丹在晋国也曾做过官，范蠡使越国称霸后才渡过大海离去，琴高也曾在宋康公的朝廷里做过官，而阴常生曾经降格去为自己的先生拿过马鞭，庄子也曾经隐藏自己的才华，去充当一名小官吏。

『在古时候有很多人学得了道术却又匡正世间之事，在朝廷和官府之中隐居修身养性，这大概是他们还有剩余的才力的原因吧！所以学道何必要在山林之中去修炼，完全废弃了人生的职责，那样才能够成功吗？所以说学道求仙的人不是只能在山林之中修身养性，任何地方都可以，只要不废弃了人生的责任就行。但是也有一部分人，他的内心喜欢恬静安详，生性厌恶吵闹，一生之中以纵情逸志为乐，把那些恩宠和当官看作是人生的悲哀。

『他们的衣带用绳子做成，衣服也破烂不堪，吃的是野草，手拿着锄头和铁锹干活，品味着人生的三种乐趣，保持着生活的贫困来等待死亡来临，不去刻意地寻求那些苟且的生存，也不害怕那些过早的死亡，拒绝重金的聘用，不重视那些官高位显、没有修养和没有作为的人。那些凡夫俗子都会是这样，更何况那些已明白了道术的人，也一定不会在人世间使得自身再受劳役了，人的一生各自有各自的追求，不可一概而论。』

原文 抱朴子曰：『世之谓一言之善，贵于千金然，盖亦军国之得失，行己之臧否耳。至于告人以长生之诀，授之以不死之方，非特若彼常人之善言也，则奚徒千金而已乎？设使有困病垂死，而有能救之得愈者，莫不谓之为宏恩重施矣。

『今若按《仙经》，飞九丹，水金玉，则天下皆可令不死，其惠非但活一人之功也。黄老之德，固无量矣，而莫之克识，谓为妄诞之言，可叹者也。』

抱朴子曰：『欲求神仙，唯当得其至要。至要者在于宝精、行气、服一大药便足，亦不用多也。然此三事，复有深浅，不值明师，不经勤苦，亦不可仓卒而尽知也。

『虽云行气，而行气有数法焉。虽曰房中，而房中之术，近有百余事焉。虽言服药，而服药之方，略有千条焉。初以授人，皆从浅始，有志不怠，勤劳可知，方乃告其要耳。

譯文 抱朴子说：『世间的人经常谈论说：有时说的一句话比千两黄金还贵重，但是这样的话大概也只不过指的是一个国家在军事上的成与败，或者是自己利益的得与失罢了。至于把长生的诀窍和不死的方法传授给别人，这样就不仅仅和平凡的世俗之人说的价值千金的话一样，又怎么能说它的价值只值千两黄金而已呢？假如说有一位被病痛折磨得快要死的人，而又有一位能够将这个将死的人救活的人，那么就没有人不去宣扬说治好将死之人的病痛的人有厚重恩德的施予。

『如果能按照《仙经》上所说，炼成九转神丹，把玉石和黄金都炼成水，若是能够使得天下的人都能避免死亡，那么能够使天下人避免死亡的恩德就不仅仅是能够使一个人存活的功德了。黄老的这种恩德是无与伦比的，也是无法估量的，但是却没有任何一个人能够去分辨与识别，还以为这是荒诞不经的话，可叹啊！』

抱朴子说：『如果想要去追求那神仙的道术，学习道术只要学到道术最主要的旨趣就可以了，这种主要的旨趣就在于宝精、行气、服药三件事，用不着更多的东西。但是在这三件事情上是有了解深或浅的区别的，如果没有好的先生去传授，又没有经过刻苦学习，那么也不会在很短的时间内就全都明白。

『就拿行气来说，就有好多种方法。只谈房中之术，但在房中之术中浅近的就有上百种。只谈吃药物这一小点，服药物的方法大致地算一算也有上千种。如果一开始就拿这些方法来传授给其他人，就应该从最浅显的地方逐渐到深奥的理论去传授。如果被传授的人非常刻苦用功、坚持不懈，那么才可以教给他关键的东西。

原文 『故行气或可以治百病，或可以入瘟疫，或可以禁蛇虎，或可以止疮血，或可以居水中，或可以行水上，或可以辟饥渴，或可以延年命。其大要者，胎息而已。得胎息者，能不以鼻口嘘吸，如在胞胎之中，则道成矣。

『初学行气，鼻中引气而闭之，阴以心数至一百二十，乃以口微吐之，及引之，皆不欲令己耳闻其气出入之声，常令人多出少，以鸿毛着鼻口之上，吐气而鸿毛不动为候也。渐习转增其心数，久久可以至千，至千则老者更少，日还一日矣。

『夫行气当以生气之时，勿以死气之时也。故曰仙人服六气，此之谓也。一日一夜有十二时，其从半夜以至日中六时为生气，从日中至夜半六时为死气。死气之时，行气无益也。善用气者，嘘水，水为之逆流数步；嘘火，火为之灭；嘘虎狼，虎狼伏而不得动起；嘘蛇虺，蛇虺蟠而不能去。

『若他人为兵刃所伤，嘘之血即止；闻有为毒虫所中，虽不见其人，遥为嘘祝我之手，男嘘我左，女嘘我右，而彼人虽在百里之外，即时皆愈矣。又中恶急疾，但吞三九之气，亦登时差也。但人性多躁，少能安静以修其道耳。又行气大要，不欲多食及食生菜肥鲜之物，令人气强难闭。又禁恚怒，多恚怒则气乱，既不得溢，或令人发欬，故鲜有能为者也。

譯文

『运用行气之法，有的人可以治百病，有的可以解除瘟疫这种病灾，有的也可以克制那些毒蛇猛兽，有的人可以止疮血，有的人能够长久地潜入水中，有的人也可以飘行水上，有的人可以解饥渴，也有的人可增长寿命。在行气当中，最为重要的就是胎息。如果有人能学得胎息，就可以用自己的嘴巴和鼻子吸气和呼气，就好像是在人未出生前的胞胎里一样，那么这个人就学会胎息之术了。

『在刚刚开始学习行气的时候，吸引元气用鼻腔，然后再闭住所吸的元气，在心里默默地数一百二十下，再用嘴巴慢慢地吐出所吸的元气，在吸气或吐气时，千万不能让自己听到吸气或吐气的声音，最好吸进元气要多，吐出气要少，再用鸟的羽毛放在嘴唇和鼻子中间，以吐气的时候羽毛不动作为标准。就这样慢慢地练习，在闭气的时候逐渐增加所数的数，数数能增加到一千下的时候，就会使人返老还童。

『在行气的时候，应当在「生气」的时候行气，千万不要在「死气」的时候行气。古时的人说得道的神仙吸吐天地四时的元气，说的就是这个意思。一天之中有十二个时辰，「生气」则是从半夜到正午这六个时辰，而「死气」就是从正午到半夜这六个时辰。如果在死气时行气就没有什么好处了。精通行气之道的人，如果用气嘘水，会让水倒着流出几步远；若是嘘火，也能令火熄灭；若是嘘猛兽毒蛇，也能让它们跃不起、逃不掉。

『被兵器伤了的人让精通行气的人嘘一下就会止血；若有人被毒蛇咬伤了，哪怕是在百里之外，只要被精通此术的人嘘一下，若是男人被蛇咬伤就嘘自己的左手，若是女的就嘘右手，就会使受伤的人痊愈。若是有人得了急病，只要去吞食一下肾间的动气，就会马上好转。要想修炼这种道术，最好不要性情急躁，但性情急躁之人很多，所以很少有人能安静地去修炼。吃得太饱和生吃蔬菜、肥厚新鲜的食物对运动元气是不宜的。那样会使得元气太强烈了，所以很难封闭得住。也不应该生气发怒，若是怒气太多，就使元气紊乱，阻碍它的泄溢，会使人咳嗽，那样就很难修炼成功了。

原文 『予从祖仙公，每大醉及夏天盛热，辄入深渊之底，一日许乃出者，正以能闭气胎息故耳。房中之法十余家，或以补救伤损，或以攻治众病，或以采阴益阳，或以增年延寿，其大要在于还精补脑之一事耳。

『此法乃真人口口相传，本不书也。虽服名药，而复不知此要，亦不得长生也。

『人复不可都绝阴阳，阴阳不交，则坐致壅阏之病，故幽闭怨旷，多病而不寿也。任情肆意，又损年命。唯有得其节宣之和，可以不损。若不得口诀之术，万无一人为之而不以此自伤煞者也。

『玄素、子都、容成公、彭祖之属，盖载其粗事，终不以至要者著于纸上者也。志求不死者，宜勤行求之。余承师郑君之言，故记以示将来之信道者，非臆断之谈也。余实复未尽其诀矣。一途之道士，或欲专守交接之术以规神仙，而不作金丹之大药，此愚之甚矣。』

譯文

『我的祖先葛仙公，当他喝醉酒或在夏天炎热的时候，就进入深谷的最底部，呆在那里一天多才出来，那是因为他能进行胎息，闭塞元气的缘故。房中的秘术其实有十几种专类，有的可以用来延年益寿，有的可以采阴补阳，有的也可以用做治病的功效或补救损伤，它的关键主要在于补养头脑和归还精蕴这一条。

『其实这种道法乃是得道成仙的真人用口耳相传授的，本来是不应该写出来的，但考虑到如果得不到这个要领就无法长生不老，所以干脆写下来供后人学习领悟。如果吃了很名贵的丹药，但是却不懂这个要领，也不能够有长生不老的身体。

『所以人们不能够完全断绝性交，若阴阳不能够交合，那么就会导致闭塞不通的毛病；因此男女之间如果不性交，就会招来淤塞不畅的病患；所以男女禁隔、积怨失意，都会导致生病不长寿。但若是放纵了性欲，肆意妄为，同样也会损伤身体，减少寿命。只有进行恰到好处的性交，那样才可能不损害自己的身体。若是没有获得口头妙传的道术，那么，在施行房中采补术中很难不伤身体，一万个人中也找不出一个不伤身体的人。

『素女、玄女、子都、容成公、彭祖这些人，只大概地记下了房中采补之术，但是都没有把最主要的部分记录在书上。一心想寻求长生方法的人，应该刻苦勤奋地去施行和追求。我得到郑先生的教诲，所以把这些记下来，以供那些信奉仙道的人参考，这些并不是我主观的乱谈胡说。我还没有学透道术的诀要。如果寻求仙道的人只去学习一种道术，只想持守着男女交欢的法术去学仙道，而不去炼丹药，实在是难以想象的愚蠢。』

原文 抱朴子曰：『道书之出于黄老者，盖少许耳，率多后世之好事者各以所知见而滋长，遂令篇卷至于山积。古人质朴，又多无才，其所论物理既不周悉，其所证按又不著明，皆缺所要而难解，解之又不深远，不足以演畅微言，开示愤悱，劝进有志，教戒始学，令知玄妙之途径，祸福之源流也。

『徒诵之万遍，殊无可得也。虽欲博涉，然宜详择其善者而后留意，至于不要之道书，不足寻绎也。末学者或不别作者之浅深，其于名为道家之言，便写取累箱盈筐，尽心思索其中。

『是探燕巢而求凤卵，搜井底而捕鳝鱼，虽加至勤，非其所有也。不得必可施用，无故消弃日月，空有疲困之劳，了无锱铢之益也。进失当世之务，退无长生之效，则莫不指点之，曰：彼修道如此之勤，而不得度世，是天下果无不死之法也。而不知彼之求仙，犹临河羡鱼而无网罟，非河中之无鱼也。

譯文 抱朴子说：『道家的书籍出自老子和黄帝之手的，其实只是很少的一部分，大部分都是以后那些好事的人，用自己所见所闻和各自所了解的假托老子和黄帝之名写的，以至于后世这些道家书籍太多了。古时的人性情质朴，但大部分都没有很好的才华，那些人所谈的事物情理，既不显著明确，也不周详完备；大多数都缺少那些着重点，所以难以被别人了解；即使是理解了也不够深入，他们所论述的不能宣扬畅达微言大义，无法启发人们的思路，把想说但是却无法说出的话说出来，也谈不上去鼓舞激励那些有志向的人，教育劝戒那些初学的人，使他们能够了解玄妙方法的途径和福祸的源流。

『若是那样，哪怕是背诵它成千上万遍，也是一点收获也没有。若是有人想要广泛地阅读，那么就应该选择好一点的书去专心学习研究。至于那些并不重要的道家书籍，就不值得后人翻看学习了。有些初学的人认为只要是道家的言辞，就不管它是好书还是不值得去看的书，都去把它抄录收藏起来，成筐成箱地积累，然后去一心一意地在书中寻求道术。

『这就好像是去掏乌鸦的窝寻求凤凰的蛋，在井底里去寻找鳝鱼一样，虽然勤奋刻苦，但是所学到的并不是他想要学到的东西。另外白白地浪费了许多时间，还被弄得心力交瘁、疲倦不堪，到头来一点好处也没有得到。这些人若是往后看，没有得到长生不老的成效，若往前看又没有经营世事的能力。这样就难免被人说：他这样勤奋刻苦地去修习道术，却还不能得道成仙，原来天下果然没有什么长生不死的仙法。但却不知道这个人寻求仙道法术，就像是俯下身子看河中的游鱼，虽然想得到它，但是却没有渔网捕捉，并不是河中没有鱼的道理一样。

原文 『又五千文虽出老子，然皆泛论较略耳。其中了不肯首尾全举其事，有可承按者也。但暗诵此经而不得要道，直为徒劳耳，又况不及者乎？至于文子、庄子、关令尹喜之徒，其属文笔虽祖述黄老，宪章玄虚，但演其大旨，永无至言。

『或复齐死生，谓无异，以存活为徭役，以殂殁为休息，其去神仙，已千亿里矣，岂足耽玩哉？其寓言譬喻，犹有可采，以供给碎用，充御卒乏，致使末世利口之奸佞、无行之弊子，得以老庄为窟薮，不亦惜乎？』

或曰：『圣明御世，唯贤是宝，而学仙之士，不肯进宦，人皆修道，谁复佐政事哉？』抱朴子曰：『背圣主而山栖者，巢、许所以称高也。遁世者，庄伯所以为贵也。轩辕之临天下，可谓至理也，而广成不与焉。遭有道而尧之有四海，可谓太平也，而偓佺不佐焉，而德化不以之损也，才子不以之乏也。

译文 『另外还有，五千字虽然是出自于老子，但是那些都是些平平常常的议论和大概的方略而已，五千字里没有完整的事理和学者可以遵循的线索。若是只知道暗暗地背诵这种书籍，却得不到主要的道术，那都是徒劳无功的，更何况还有那些不及老子这本书的书呢？至于说到文子、庄子、关令尹喜这些人，他们的思路和文笔，虽然是遵照老子、黄帝那样虚无玄妙，但只是推陈大意，终无切中要害之言。『有时那些人把生存和死亡等同起来，他们说生存和服劳役是没有什么区别的，却把死亡看成是休息之类的内容，他们这些人和仙道之术相距太遥远了，所以他们这些人写的书根本就不值得去看。他们那些寓言和譬喻，还有些可以借鉴的，但那也是些只字片语以备零碎地使用，满足语急词穷时的需要，所以致使人间世道在衰败的时候，那些无才无德的小人、坏蛋，能够拿庄子和老子作为借口，那岂不是很值得叹息吗？』

有人说：『贤明君主在治理他的国家时，很重视那些有才能的人，而那些学道求仙的，却不肯到朝廷里做官，那么如果人们全部都去学道修炼，那么国政又有谁来辅佐呢？』抱朴子说：『离开贤明的国君而到深山中隐居修炼的人，是巢父和许由所称赞的人；遇到太平盛世却躲避世上的人，那是庄伯所称道的人；在轩辕氏当君主的时候，那时可以算得上是太平盛世了，但是广成子却不去辅佐他；在唐尧充当君主的时候，也可以算得上是国泰民安了，但偓佺却参与朝政。这个时候，在国家之中并不因为没有他们，在德泽教化方面就减损，也并不因为没有他们，有才华的人就缺少了。

原文

『天乙革命，而务光负石以投河。姬武剪商，而夷齐不食于西山。齐桓之兴，而少稷高枕于陋巷。魏文之隆，而干木散发于西河。四老凤戢于商洛，而不妨大汉之多士也。周党麟跱于林薮，而无损光武之刑厝也。

『夫宠贵不能动其心，极富不能移其好，濯缨沧浪，不降不辱，以芳林为台榭，峻岫为大厦，翠兰为绸床，绿叶为帏幙，被褐代衮衣，薇藿当嘉膳，非躬耕不以充饥，非妻织不以蔽身，千载之中，时或有之。

『况又加之以委六亲于邦族，捐室家而不顾，背荣华如弃迹，绝可欲于胸心，凌嵩峻以独往，侣影响于名山，内视于无形之域，反听乎至寂之中，八极之内，将遽几人？而吾子乃恐君之无臣，不亦多忧乎？』

譯文

『殷汤推翻夏朝的时候，务光这个人却投河自尽；周武王打败商军，灭掉商朝的时候，伯夷和叔齐在西山上绝食而死；在齐桓公兴盛的时代，少稷却在穷街陋巷里高枕而卧；在魏文侯兴盛的时候，段干木这个人却在西河里游泳；东园公等四老藏方隐居于商洛，并没有妨碍大汉出现多士的局面；周党这个人就像麒麟一样隐居在山水之间，但却并不损伤汉武帝的法规和制度。

『那些人高官厚禄不能打动他们的心，无论怎么富有也不会改变他们的爱好，而他们以沧浪之水去洗涤帽缨，不能降低他们的身份，难以辱没他们的节操。那些人把野草、树林当做舞榭歌台，以高山峻岭为高楼大厦，用树叶当他们的帷幕，把兰草视为他们的床铺，把野菜和豆叶当做美味来享用，把最破的褐衣当成最华贵的龙袍来穿，他们如果饥饿就亲自耕作，他们穿衣服必须是自己的妻子织成的布，不然就认为不能遮蔽身体了。像这些人在上千年之中，不时就会有一些的。

『更何况加上那些被自己家族所抛弃的亲人，他们在心胸内断绝了各种私欲，毫无顾惜地背弃荣华富贵，也不怕去做那些有损家族名誉的事情，自己登上高山独来独往，在大山之中以影为伴、以回声为知音，反转往来，听见最寂静的境界，对内，看到的是没有形迹的领域，那么像这种人在整个世界上，能有几个呢？而你却害怕贤明的君主没有忠诚的良臣去辅助，那岂不是太多虑了吗？』

原文 或曰：『学仙之士，独洁其身而忘大伦之乱，背世主而有不臣之慢，余恐长生无成功，而罪罟将见及也。』抱朴子答曰：『夫北人、石户、善卷、子州，皆大才也，而沉遁放逸，养其浩然，升降不为之亏，大化不为之缺也。

『况学仙之士，未必有经国之才，立朝之用，得之不加尘露之益，弃之不觉毫厘之损者乎？方今九有同宅，而幽荒来仕，元凯委积，无所用之。士有待次之滞，官无暂旷之职；勤久者有迟叙之叹，勋高者有循资之屈；济济之盛，莫此之美，一介之徒，非所乏也。

『昔子晋舍视膳之役，弃储贰之重，而灵王不责之以不孝；尹生委衿带之职，违式遏之任，而有周不罪之以不忠。何者？彼诚亮其非轻世薄主，直以所好者异，匹夫之志，有不可移故也。

『夫有道之主，含垢善恕，知人心之不可同，出处之各有性，不逼不禁，以崇光大，上无嫌恨之偏心，下有得意之至欢，故能晖声并扬于罔极，贪夫闻风而忸怩也。

译文 有人问：『学道求仙的人，他们只顾洁身自好，但是却把根本的、已被扰乱的伦常给忘记了，他们背弃了君主而有了不去做臣子的轻慢，所以我很担心这些人道术仙法还没学成，治罪的法网就会马上降临了。』抱朴子回答说：『那些才能很高的人，如北人、石户、善卷、子州，他们在隐居时随心所欲，去修养自身的所谓浩然之气，然而世间的旺盛与衰败并不因为他们隐居而有所损亏，也并不因为他们的隐遁使自然的变化有所缺失。

『更何况那些去寻求不死之法的人，并不一定就有安邦定国的才能和在朝廷做官的能力，若是得到他们这些人，也并不会有多大的益处，而若是失去这些人，也不会有所损失。现在天下统一如同一家，那些偏远荒僻的人都来到朝廷做官，群英汇集，都无法用得上他们。他们都在排队等待着，而官吏的职位暂时没有空缺；那些功劳高的人还有论资排辈的委屈，而劳苦的人却有着进职太慢的感叹。像这种人才旺盛的状况，是没有任何朝代可以相比的，一两个人不去做官，不会因为他们而造成栋梁之才的缺乏。

『古时子晋抛弃王位继承人的重任，舍弃事养君父的工作，但是周灵王却并不怪罪子晋的不孝；关令尹喜舍弃当官建功的委任，离开镇守边关的要职，然而周王也并不责怪他是不忠之臣。这到底是为什么呢？他们都是正直诚实的人，只是他们所追求爱好的东西不同罢了，并不是看不起君主。所以就是那些普通世俗的人的志向，有时也有不可以去改变的缘故，更何况像子晋、关令尹喜这类人呢？

『那些会施政的君主，他们善于宽恕、忍受，这些君主都懂得人心不可强求一致的道理，有志向的人不论是做官或是隐退，都是各有各的天性的，因此这些贤明的君主不去强行逼迫和禁止，好让那些有志向的人发扬光大，所以使得在下的人有随心所欲的欢乐，而在上的人没有被猜忌的偏见。就是因为这样所以才能使那些人把光明和声誉宣扬到那遥远的地方，使得那些贪婪的小人听到这些高尚的节操而感到羞愧万分。

原文

『吾闻景风起则裘炉息，世道夷则奇士退。今丧乱既平，休牛放马，烽燧灭影，干戈载戢，繁弱既韬，卢鹊将烹，子房出玄帷而反闾巷，信、越释甲胄而修鱼钓，况乎学仙之士，万未有一，国家吝此以何为哉？『然其事在于少思寡欲，其业在于全身久寿，非争竞之丑，无伤俗之负，亦何罪乎？且华、霍之极大，沧海之滉漾，其高不俟翔埃之来，其深不仰行潦之注，撮壤土不足以减其峻，挹勺水不足以削其广，一世不过有数仙人，何能有损人物之鞅掌乎？』

或曰：『果其仙道可求得者，五经何以不载，周、孔何以不言，圣人何以不度世，上智何以不长存？若周、孔不知，则不可为圣。若知而不学，则是无仙道也。』抱朴子答曰：『人生星宿，各有所值，既详之于别篇矣。子可谓戴盆以仰望，不睹七曜之炳粲；暂引领于大川，不知重渊之奇怪也。夫五经所不载者无限矣，周、孔所不言者不少矣。特为吾子略说其万一焉。虽大笑不可止，局情难卒开，且令子闻其较略焉。夫天地为物之大者也。九圣共成《易经》，足以弥纶阴阳，不可复加也。

譯文

『我曾听说在吹起南风、天气暖和起来的时候，就把皮袍收起来，把炉火熄灭掉，太平盛世，就要把那些奇谋异士辞退，如今动乱已经平定，让牛马休养生息，烽烟熄灭，兵器放入仓库，把良弓收藏起来，猎狗被烹杀，就连张良都走出军营大帐而返回到平民里巷，韩信、彭越都脱下兵服修理钓鱼工具，况且学道之人，一万个中没有一个，国家吝惜这些人又有什么用呢？

『而且他们的事业在于清心寡欲，他们的目标在于强身健体、益寿延年，并没有追逐名利的丑行，也没有伤风败俗的过错，又有什么罪过呢？而且像华山、霍山那么大，像沧海那么宽广，山高不必等待飞灰的降落，海深不必依靠雨后积水的流入，抓一把土不会减损山的高度，舀一勺水不会削减海的深度，一代人中不过有几个仙人，哪里会减损众多的人才呢？』

有人说：『神仙的道术若是可以去追求的话，那么为什么「五经」中没有记载呢？孔子、周公他们为什么没有谈到这件事情呢？若是连孔子、周公他们都不知道这件事情，就说明这个世间并没有什么不死之术、长生之法。另外，那些如周公、孔子的圣人为什么不能去超度尘世？那些最为聪明的人为什么不能长生不老呢？所以应该说这世上是没有什么神仙之道的。』抱朴子回答说：『以每个人命中的星宿来讲，它们都是各自有所逢遇的，在其他篇目里已经详细论述过这个道理了。而你看不见日月星辰的辉煌，那是因为你把盆顶在头上去仰头看天空；在很短的时间里伸长脖子望大河，就不会懂得渊潭极深的奇特了。而「五经」里没有记载的学问太多了，孔子和周公没有谈论的道理也是很多的。所以我只对你说一个大概的情况。虽说你认为这是夸大其辞而讥笑不已，但是我在片刻之间难以畅谈我的局促的情怀，所以只能让你来听一听大概的情况。天、地是所有的事物中最伟大的。从伏羲至孔子有九个圣人共同撰写了

《易经》这本书，足以涵盖阴阳之道，没法再超过它了。

原文 『今问善《易》者：周天之度数，四海之广狭，宇宙之相去，凡为几里？上何所极，下何所据？及其转动，谁所推引？日月迟疾，九道所乘，昏明修短，七星迭正，五纬盈缩，冠珥薄蚀，四七凌犯，彗孛所出，气矢之异，景、老之祥，辰极不动，镇星独东，羲和外景而热，望舒内鉴而寒，天汉仰见为润下之性，涛潮往来有大小之变，五音六属，占喜怒之情，云动气起，含吉凶之候，欃、枪、尤、矢，旬始绛绎，四镇五残，天狗归邪，或以示成，或以正败。

『明《易》之生，不能论此也。以次问《春秋》四部、《诗》、《书》、「三礼」之家，皆复无以对矣。皆曰悉正经所不载，唯有巫咸、甘公、石申、《海中》、《郄萌》、《七曜》记之悉矣。余将问之曰：此六家之书，是为经典之教乎？彼将曰：非也。余又将问曰：甘石之徒，是为圣人乎？彼亦曰：非也。

譯文 『假如问起那些精通《易经》的人：周天的度数有多少，四海的宽窄如何，宇宙相距一共有几万里，天空的极限在何处，大地的依托在哪里，天地的运转是谁推动拉引的，太阳月亮运行的迟缓疾迅，月亮运行的九种轨道，黄昏、黎明的长短，南方朱雀七星的更替斜正，二十八宿的凌犯，彗星和孛星的出现，似箭之气的变异，景星、老人星的吉祥，北极星的不运动，镇星独自在东方，金、木、水、火、土五星的早晚出现，太阳表面火热而炽烈，月亮内向映照而寒冷，银河出现上仰就是上天潮湿的征兆，潮水涨、退有大小的规律，以五音六律能占卜出喜怒哀乐的情感，风起云涌之际包含着吉与凶的征兆，彗星、蚩尤的旗星、枉矢星、旬始星、四镇星、五残星、天狗星和那些归邪星云，它们有的暗示着失败，也有的暗示着成功。

『懂得《易经》的学者，无法解释和评论这些天象。就连那些研究《春秋四部》、《诗经》、《尚书》和「三礼」（《礼记》、《仪礼》、《周礼》）的有学问的人，也都无法回答这些问题。他们都会说：这些天象都是在正规的经典里没有记载的，只有巫咸、甘公、石申等三人和《海中》、《郄萌》、《七曜》等书籍才会把它们记述详细。于是我想去问这些人：这几个人和那些书籍都能算是经典的教化吗？而那些人肯定会回答说：「不是的。」所以我又想去问他们：甘公、石申这帮人能算得是圣人吗？他们也会肯定回答说：「不是。」

原文 『然则人生而戴天，诣老履地，而求之于五经之上则无之，索之于周孔之书则不得，今宁可尽以为虚妄乎？天地至大，举目所见，犹不能了，况于玄之又玄、妙之极妙者乎？』

复问俗人曰：『夫乘云茧产之国，肝心不朽之民，巢居穴处，独目三首，马闲狗蹄，修臂交股，黄池无男，穿胸旁口，廪君起石而泛土船。

『沙壹触木而生群龙，女娲地出，杜宇天堕，甓飞犬言，山徙社移，三军之众，一朝尽化，君子为鹤，小人成沙，女丑倚枯，贰负抱桎，寄居之虫，委甲步肉，二首之蛇，弦之为弓。

『不灰之木，不热之火，昌蜀之禽，无目之兽，无身之头，无首之体，精卫填海，交让递生，火浣之布，切玉之刀，炎昧吐烈，磨泥濉水，枯灌化形，山夔前跟，石修九首，毕方人面，少千之劾伯率。

『所以既然这样，那么当人出生后就头顶着天，到了年老的时候还脚踏着地，然而这些知识，若是从「五经」中去寻找，却是找不到的；若是从周公、孔子所写的书中去查找，也无法找到，从这些书中查找不到的事物，难道可以证明那些事物都是虚无的吗？世间天地最大，若是抬眼望去，被你所看见的尚且还不能尽知，更何况那些玄妙得无法再玄妙的道理呢？』

抱朴子再一次问那些俗人：『那些驾乘着云雾、吐丝为茧的国家，心脏不衰败、肝脏不老化的百姓，还有人居住在巢穴之中，也有人只有一只眼睛，也有的却有三个头，有的长着人的躯体但却长着鸟的爪子，还有的人是人的身体却长着狗的脚，有的人的臂膀生得很长，有的人的脚趾相互交叉，黄池这个地方没有男人，有的人胸中有孔窍可以贯穿，有的人嘴巴长在旁边，廪君能够把石头轻轻举起，使得土船能够浮着航行。

『沙壹一接触到树木就能够让树木生下许多小龙，而女娲却是从地底下出生的，杜宇是从天上降临世间的，甓瓦能够自动飞起，狗能够说人话，大山能够迁移到别处，神社能够自动转移，大批的军队，在一个早晨发生很大的变化，品德高尚的人变成了仙鹤，那些贪得无厌的小人变成了沙粒，女丑倚靠着枯木被晒而死，贰负被桎梏在疏属山，还有寄居的虫豸能够把它的甲壳委弃掉，使自己的肉身逃走，还有两头蛇，能够蜕变成为蛇弓。

『还有树木不能烧成灰，也有火焰不能够发热，杜宇使蜀地昌盛后却变成飞鸟，还有的野兽没有长眼睛，有没身体的头颅和没有头的身体，精卫鸟发誓要把海填平，而交生树却能够交互生长，有能在火中洗的布料，有的刀剑能够割断玉石，有的能吞下烈火或吐出烈火，而磨制的泥块却能够过滤清水，灌溉那些枯死的树木使它变形，山夔的脚跟是向前生长的，石修长有九个头，毕方鸟长着人的面孔，少千能够克制伯率之鬼。

原文

『圣卿之役肃霜，西羌以虎景兴，鲜卑以乘鳖强，林邑以神录王，庸蜀以流尸帝，盐神婴来而虫飞，纵目世变于荆岫，五丁引蛇以倾峻，肉甚振翅于三海。

『金简玉字，发于禹井之侧，《正机》、《平衡》，割乎文石之中。凡此奇事，盖以千计，五经所不载，周、孔所不说，可皆复云无是物乎？

『至于南人能入柱以出耳，御寇停肘水而控弦，伯昏蹑仞而企踵，吕梁能行歌以凭渊，宋公克象叶以乱真，公输飞木玄之翩翾，离朱觌毫芒于百步，贲、获效膂力于万钧，越人揣针以苏死，竖亥超迹于累千，郢人奋斧于鼻垩，仲都袒身于寒天，此皆周、孔所不能为也，复可以为无有乎？

『若圣人诚有所不能，则无怪于不得仙；不得仙亦无妨于为圣人。为圣人偶所不闲，何足以为攻难之主哉？

『圣人或可同去留，任自然，有身而不私，有生而不营，存亡任天，长短委命，故不学仙，亦何怪也。』

譯文

『圣卿能役使肃霜之神，西羌因为得到老虎的影子蔽护而兴旺昌盛起来，鲜卑是由于驾骑着大鳖才强盛，林邑国的范文因为有神将所以能称霸天下，庸蜀国却用流下的尸体来作为他们的君主，盐神化成虫用青丝缠绕着它，蜀王长着竖着的眼睛，被荆人鳖令篡夺了天下的大权，五个大力士推动巨大的蟒蛇使大山崩倒，肉甚振动着大翅膀飞越过三海。

『在禹井边发现了金简策和玉文字，从文石中剖出《正机》、《平衡》等书籍。凡是这些光怪陆离的奇异的事情，大概能有成千上万件，在「五经」之中都没有记载，周公、孔子也从来没有说过，难道能因此就说世上没有这些事物吗？

『至于说南人能走进大柱中却把他的耳朵露在外面，列子能在射箭时把一杯水放在肘上，伯昏在攀登高山时，踩到危险的石头却还能踮着脚尖，有人能够在吕梁对面深谷的急浪中边游泳边唱歌，宋人能够把象牙雕刻成叶片足可以以假乱真，公输般能让木鸟飞上天空，离朱能够在一百步以外看清楚那些小如毛发、麦芒的东西，孟贲和乌获能凭借万钧的臂力去献技，扁鹊只要有针石就能够给人治病，起死回生，竖亥有一双飞毛腿，一天之内可以行走千里的路，匠石能够举起斧头用大力气砍掉郢人鼻子尖上的一小块垩土，王仲在最冷的冬天也可以不穿衣服来御寒，这些事情周公、孔子都不能够做到，但是能证明这些事物在世间没有吗？

『假如能够认识到圣人也有无法办到的事，那么就不必奇怪他们学不到神仙道法了，况且即使没有得道成仙，也不妨碍他们成为圣人，被世人所尊敬。作为一个圣人，并不是什么事都知道，偶尔也有做不到的事，但不能以此为由去攻击他。

『有的圣人把入世做圣人和出世做神仙同样看待，这些全凭自然，他们拥有自身但却并不怀有私心，他们拥有生命但却并不去经营那些私利，他们的生死全凭上天安排，长寿还是短命都交由命运去规划，因此他们不去学习或寻求神仙道术，有什么值得奇怪的呢？』

道意

抱朴子曰：『道者涵乾括坤，其本无名。论其无，则影响犹为有焉；论其有，则万物尚为无焉。隶首不能计其多少，离朱不能察其仿佛，吴札晋野竭聪，不能寻其音声乎窈冥之内。⿰犭周狶⿰犭步猪疾走，不能迹其兆朕乎宇宙之外。

『以言乎迩，则周流秋毫而有余焉，以言乎远，则弥纶太虚而不足焉。为声之声，为响之响，为形之形，为影之影，方者得之而静，员者得之而动，降者得之而俯，升者得之以仰，强名为道，已失其真，况复乃千割百判，亿分万析，使其姓号至于无垠，去道辽辽，不亦远哉？

『俗人不能识其太初之本，而修其流淫之末，人能淡默恬愉，不染不移，养其心以无欲，颐其神以粹素，扫涤诱慕，收之以正，除难求之思，遣害真之累，薄喜怒之邪，灭爱恶之端，则不请福而福来，不禳祸而祸去矣。

譯文

抱朴子说：『所谓道，包含了天地乾坤，它起源于无名。若是说它没有吧，即使是那些回声、影子也是事实存在的；若是说它存在吧，那么即使是世间的万物都有它虚无的一面。隶首不能算出道的数量，离朱也无法看清它的大概轮廓，吴国的季札和晋国的师旷用尽了他们的听力，也不能在时间、空间的外缘去搜寻它的声音。那些畜生四处奔走，最后却不能在无限的时间与空间里留下它们的形迹。

『要是从最近处去谈，那么道就好像在秋天的野兽细小的毛之间游动而且还会有剩余的空间；若是从远处来谈论道，那么它深玄得就连整个宇宙也容不下它。从而声音有声，响声有响，形体有形，影子成影，方正的能够得以静谧，圆转的可以运动，向下的可得以俯瞰，上升的能得以仰瞻，若是勉强把它叫做「道」，那样就已经丧失了它的真实，更何况还要千百次地去割裂它，或亿万回地剖析它，所以使得它的名声宣扬达到那无边无际的地方，这岂不是离开道的本质太远了吗？

『凡夫俗子不能去识别最初的根源，反而去修治那些杂乱无章的末节，其他的人能够淡泊名利，不沾染恶习，不改变本性，毫无欲望，修养心性，用朴素、宁静涵养神志，拒绝那些虚荣利诱，用正当的心理收敛自己的行为，抛弃那些难以追求的心态，排遣掉那些危害真心的拖累，摒弃掉那些欢喜发怒的邪念，削除掉热爱憎恶的端倪，若是这样，那么就不必刻意去寻求福分，而福分会自然而来，也不必去排除灾祸，而灾祸就会自然离去。

原文

『何者，命在其中，不系于外，道存乎此，无俟于彼也。患乎凡夫不能守真，无杜遏之检括，爱嗜好之摇夺，驰骋流遁，有迷无反，情感物而外起，智接事而旁溢，诱于可欲，而天理灭矣，惑乎见闻，而纯一迁矣。

『心受制于奢玩，情浊乱于波荡，于是有倾越之灾，有不振之祸，而徒烹宰肥腯，沃酹醪醴，撞金伐革，讴歌踊跃，拜伏稽颡，守请虚坐，求乞福愿，冀其必得，至死不悟，不亦哀哉？

『若乃精灵困于烦扰，荣卫消于役用，煎熬形气，刻削天和，劳逸过度，而碎首以请命，变起膏肓，而祭祷以求痊，当风卧湿，而谢罪于灵祇，饮食失节，而委祸于鬼魅。

譯文 『这又是为什么呢？那是因为命运是决定于内因的，而不是取决于外因的，所以道存在于自己，不必等待别人的指教。就怕那些凡俗的人不能够保守真率，不去杜塞遏止的约束，任凭个人的爱好去撼动掠夺，放任个人的情感流动，迷途却不知道返回，外物打动个人的情怀而产生外在的举动，智慧一旦接触到事物就会从旁边流逝掉，欲望经不住引诱，那么天然的事理就会泯灭，被那些所见所闻所迷惑，那么天性就会改变。

『心灵被那些奢侈玩乐制约着，情感被那些奔波的竞争给扰乱了，所以就有了覆灭坠落的灾难，也就会有无可扭转的忧患。然而却枉然地去杀那些肥羊肥牛来烹煮，滥饮那些香甜的美酒，撞钟敲鼓乐，去跳舞，叩头跪拜，却保持着所谓的恭敬，空自去打坐，去恳求神灵来保佑他们，希望神灵能降给他们富贵，一直到死也无法醒悟过来，这难道不是太可悲了吗？

『至于说他们的精神或心灵被烦恼忧愁所用，而荣气或卫气却被那些役使给消磨掉，身形元气被煎熬，削弱了天然的天和，过度的劳逸，却把头叩破去请求有富贵的好命运，膏肓出现了蜕化变易，然而却去用祭祀来祈求着痊愈，面对着有大风和潮湿的地方卧躺着，这样他们却还朝着神灵去请求宽恕罪行，不去节制自己的饮用进食，却去怪罪那些妖魔鬼怪。

原文 『蕞尔之体，自贻兹患，天地神明，曷能济焉？其烹牲罄群，何所补焉？夫福非足恭所请也，祸非禋祀所禳也。若命可以重祷延，疾可以丰祀除，则富姓可以必长生，而贵人可以无疾病也。

『夫神不歆非族，鬼不享淫祀，皂隶之巷，不能纡金根之轩，布衣之门，不能动六辔之驾，同为人类，而尊卑两绝，况于天神，缅邈清高，其伦异矣，贵亦极矣。盖非臭鼠之酒肴，庸民之曲躬，所能感降，亦已明矣。

『夫不忠不孝，罪之大恶，积千金之赂，太牢之馔，求令名于明主，释愆责于邦家，以人释人，犹不可得，况年寿难获于令名，笃疾难除于愆责，鬼神异伦，正直是与，冀其曲佑，未之有也。

『夫惭德之主，忍诟之臣，犹能赏善不须贷财，罚恶不任私情，必将修绳履墨，不偏不党，岂况鬼神，过此之远，不可以巧言动，不可以饰赂求，断可识矣。

譯文 『他们就凭借着这些渺小的身体，却给自己带来了太多的灾祸，天地的神灵怎么会去拯救他们这些人呢？哪怕是煮烹牲畜，杀光畜群，也是于事无补的。福贵并不是靠那些殷勤的恭敬才乞求得到的，祭祀鬼神也无法解除灾祸。若是人的生命可以用很多很多的祭品来延长，而丰厚的牺牲可以免除疫病，那些富贵的人家就都能长生不死了，而那些显贵的人家，也都无病无灾了。

『不同族类人的祭品，神是不会去品尝的；不正当的祭祀，鬼也是不去享用的，金银高车是不会停留在奴隶的街巷的，六辔的大驾在普通人的门前是没有的。这样就可以看出同样是人类，但卑贱尊贵却是大不一样的，更何况是那些天神遥远清高，因此他们的身份是与人间完全不同的，他们的富贵高雅也已到了顶点了。他们当然不是被供奉的酒菜和世俗之人的打躬作揖所能感动降临的，所以这不必讲明，也是很明白的事了。

『如果不去忠于君主，不去孝敬自己的父母，这也是罪大恶极的了，去积累丰厚的财物，不去花费它，到贤明的君主那去追求美好的名声，向国家要求解脱罪过，而对人类去请求宽恕人的自身，像这样都是不可能的，更何况获得长生不死更难于获得美好的名声，而病痛要比罪责更难以消除，神鬼与人不属于同类，他们只讲公正、正直，若是想从他们那里得到不合理的保佑，是绝对不可能的事。

『那些没有道德而感到羞愧的君主，和那些心里怀有内疚而忍辱负重的臣下，他们都不凭借财物去赏赐那些善人，在处罚恶行时也不徇私情，一定要信守着法规，去遵循着绳墨，做到不偏不倚，不去做那些结党营私之事，更何况那些神与鬼的法规要比人类的法规更高远，他们是不能用花言巧语来打动的，也不能用那些修容饰貌来贿赂他们，这些都是可以明辨的。

原文『楚之灵王，躬自为巫，靡爱斯牲，而不能却吴师之讨也。汉之广陵，敬奉李须，倾竭府库而不能救叛逆之诛也。孝武尤信鬼神，咸秩无文，而不能免五柞之殂。孙主贵待华向，封以王爵，而不能延命尽之期。

『非牺牲之不博硕，非玉帛之不丰醲，信之非不款，敬之非不重，有丘山之损，无毫厘之益，岂非失之于近，而营之于远乎？

『第五公诛除妖道，而既寿且贵；宋庐江罢绝山祭，而福禄永终；文翁破水灵之庙，而身吉民安；魏武禁淫祀之俗，而洪庆来假。

『前事不忘，将来之鉴也。明德惟馨，无忧者寿，啬宝不夭，多惨用老，自然之理，外物何为！若养之失和，伐之不解，百疴缘隙而结，荣卫竭而不悟，太牢三牲，曷能济焉？

『俗所谓道率皆妖伪，转相诳惑，久而弥甚，既不能修疗病之术，又不能返其大迷，不务药石之救，惟专祝祭之谬，祈祷无已，问卜不倦，巫祝小人，妄说祸祟，疾病危急，唯所不闻，闻辄修为，损费不訾，富室竭其财储，贫人假举倍息，田宅割裂以讫尽，箧柜倒装而无余。

譯文『楚国的国君灵王，亲自做巫祝，不吝惜他的牲畜，但也不能使得吴国的讨伐军队退却。汉代的广陵王，重用女巫李须，用尽了仓库的所有钱财，但也无法解救自己招致叛逆之罪的诛罚。汉武帝特别信奉鬼神，在祭祀时遵循大小秩序，有条不紊，但也无法避免在五柞宫里死去。华向受到孙权的优厚待遇，封给他王爵之位，但是也无法延续他的命运完结的日期。

『所以说并不是祭祀的牺牲品不多或不大，也不是说祭祀的玉石或布帛之类不丰厚，他们的信仰不能说不虔诚，恭敬也并不是说不郑重，他们损失的再多，也无法得到一点儿好处，难道不是丢失了近处的事，却到远处去谋求吗？

『第五公诛杀掉那些妖道，既显贵又长寿；庐江郡守宋均除掉对那些山神的祭祀，却得到长久的寿命和福禄；文翁把水神的庙宇毁掉了，却得到百姓的安宁和自己的吉利；曹操禁止了那些不正当的祭祀风俗，却得到洪福的降临。

『记住从前的事，就是对未来的借鉴。高尚的品德才能宣扬四海，如果没有忧患的人就能够长寿延年，珍惜精蕴的人才不会夭折，若是在修养时失去了中和，就会损伤自己而不能解脱，因此所有的病痛就会乘机侵入，荣气和卫气枯竭时却不能醒悟。若是这样，就是用太牢的牛、猪、羊三种牲畜，也是无法挽救的。

『世俗的人所说的那些道士大都是些虚假的妖道，他们之间相互迷惑欺骗，若是时间长了就会越来越厉害。这些妖道既不会修炼治病的方法和道术，也不能够从大的迷乱中返回，更不能致力于针石药物的救济，他们只是一味专注于那些错误的祭祀，不停地祈祷和不厌其烦地占卜，像巫师那样的小人，胡乱地说那些鬼怪灾祸。那些凡夫俗子在性命危急的时候，没有打听到好的方法去医治，一旦听到这些巫师小人的乱说胡侃，就努力地去做，因此被损耗的费用实在是太多了，富贵的人家为此花费掉终生的积蓄，而那些贫穷的人家不惜去借高利贷，以至于倾家荡产，家中没有一件东西，连箱柜都被倒空了。

原文 『或偶有自差，便谓受神之赐，如其死亡，便谓鬼不见赦，幸而误活，财产穷罄，遂复饥寒冻饿而死，或起为劫剽，或穿窬斯滥，丧身于锋镝之端，自陷于丑恶之刑，皆此之由也。

『或什物尽于祭祀之费耗，谷帛沦于贪浊之师巫，既没之日，无复凶器之直，衣衾之周，使尸朽虫流，良可悼也。愚民之蔽，乃至于此哉！淫祀妖邪，礼律所禁。然而凡夫，终不可悟。

『唯宜王者更峻其法制，犯无轻重，致之大辟，购募巫祝不肯止者，刑之无赦，肆之市路，不过少时，必当绝息，所以令百姓杜冻饥之源，塞盗贼之萌，非小惠也。

『曩者有张角、柳根、王歆、李申之徒，或称千岁，假托小术，坐在立亡，变形易貌，诳眩黎庶，纠合群愚，进不以延年益寿为务，退不以消灾治病为业，遂以招集奸党，称合逆乱，不纯自伏其辜，或至残灭良人，或欺诱百姓，以规财利，钱帛山积，富逾王公，纵肆奢淫，侈服玉食，妓妾盈室，管弦成列，刺客死士，为其致用，威倾邦君，势凌有司，亡命逋逃，因为窟薮。

譯文

『如果是偶然间病好了，那么他们就认为这是神灵的恩赐，若是没有好转而死亡了，他们就认为这是鬼不去赦免他们，有些幸好在偶然之间捡了一条性命，但是已经家徒四壁，也会受冻挨饿而死，有的人就会去铤而走险，干起杀人放火的抢劫勾当，也有的察洞越墙而没有节制，这些人若不是死在刀箭之下，就会是使自己陷入牢狱之中，这都是由这个原因引起的。

『有的人在祭祀中花费了所有钱财，而丝帛却都被那些贪鄙的巫师给消耗了，甚至到死也没有钱买棺材，就连裹尸体的衣服都没有了，使得他们的尸体腐烂，到处都是蛆虫，这确实是值得哀悼的。那些民众的愚笨竟然达到这样的程度，那些不正当的祭祀和那些装神弄鬼的恶行，都是被礼法刑律所禁止的。就是这样，那些庸俗的人还是无法醒悟过来。

『所以君主只好采用更加严厉的法律去禁止那些人的行为，如果犯了禁令，不管他们是轻还是重，都一律处死，在繁华的大街上悬尸示众，因此在很短的时间里，这些祭祀的恶劣行为就绝迹了，这些严峻的法律是为那些老百姓断绝堵塞了受饿挨冻的根源，铲除盗贼产生的萌芽，这是对百姓很大的恩惠啊！

『古时，有张角、柳根、王歆、李申等人，他们之中有的说自己已经活了一千年了，假借小的道法，坐着忽然消失，改变自己的形貌，去欺骗百姓，聚集那些群氓，从远的来说，不把长生之道作为目标；从近处来看，不去把除病消灾作为职业，所以去招集那些奸人党徒，组成军队来造反，而那些人又不去纠正自己，所以遭到罪行，也连累了那些善良的百姓。有的还去欺骗利诱那些百姓，为自己谋取富贵，他们的钱财堆积如山，连王公贵族的财富也都比不上他们，他们荒淫无度，穿的是王侯的衣服，吃的是最好的食物，妻妾成群，乐队都可以排成队列，他们还网罗了刺客杀手为他们所用，他们的威风都可以压倒国君，权势在那些官员之上，那些有罪的逃犯都逃到他们那里去躲避。

原文 『皆由官不纠治，以臻斯患，原其所由，可为叹息。吾徒匹夫，虽见此理，不在其位，末如之何！临民官长，疑其有神，虑恐禁之，或致祸祟，假令颇有其怀，而见之不了，又非在职之要务，殿最之急事，而复是其愚妻顽子之所笃信，左右小人，并云不可，阻之者众，本无至心，而谏怖者异口同声，于是疑惑，竟于莫敢，令人扼腕发愤者也。

『余亲见所识者数人，了不奉神明，一生不祈祭，身享遐年，名位巍巍，子孙蕃昌，且富且贵也。唯余亦无事于斯，唯四时祀先人而已。曾所游历水陆万里，道侧房庙，固以百许，而往返径游，一无所过，而车马无颇覆之变，涉水无风波之异，屡值疫疠，当得药物之力，频冒矢石，幸无伤刺之患，益知鬼神之无能为也。

『这些都是因为官府没有去治理，才带来这样的祸患，所以若是追溯它的原因，

也会为之叹息的。我们这些普通百姓即使明白这个道理，但不在官位上，最终又能怎么样呢？那些治理百姓的官长们，却怀疑他们有神灵相助，因此很害怕禁止他们会给自己带来灾祸，他们认为，假如那些人的确有神灵保佑，而自己却没有看清，更何况又不是处在很主要的官职上，或者是镇守着最关键之处的急切事物上，再加上他们还有那些愚蠢的妻儿深深地相信那些，旁边那些卑劣的小人，都说不应该去禁止他们，阻止去禁止的人多了，那么本来不真心劝谏的人也怕事跟着附会，因此官长们就疑虑了，竟然没有一个人敢出头去禁止他们，这真是让人一只手抓着另一只手的腕子去发泄愤怒的事啊！

『我有几个认识的和亲自看见的人，他们根本就不去信奉神仙，也不去做那些祈祷祭祀，却得到长寿，而且他们地位显贵，子孙旺盛，德高望重。就连我也是不去做那些祈祷祭祀的，只不过是在四季祭祀祖先而已。我曾经游历过的旱路和水道加起来足有一万里，而路边的那些庙宇足有近百所，但是我在来往之中从不去拜访它们，我的车马也从来没有因此而倾覆，在渡水的时候也没有因此而遭到妖异的风浪，好多次碰到瘟疫，都是用药材的功效来防治它，而常常冒着箭头和石块攻击的危险，也幸好没有受到什么伤损的祸患，因此我更知鬼神是无能为力的。

原文 『又诸妖道百余种，皆煞生血食，独有李家道无为为小差。然虽不屠宰，每供福食，无有限剂，市买所具，务于丰泰，精鲜之物，不得不买，或数十人厨，费亦多矣，复未纯为清省也，亦皆宜在禁绝之列。

『或问李氏之道起于何时。余答曰：吴大帝时，蜀中有李阿者，穴居不食，传世见之，号为八百岁公。人往往问事，阿无所言，但占阿颜色。若颜色欣然，则事皆吉；若颜容惨戚，则事皆凶；若阿含笑者，则有大庆；若微叹者，即有深忧。

『如此之候，未曾一失也。后一旦忽去，不知所在。后有一人姓李名宽，到吴而蜀语，能祝水治病颇愈，于是远近翕然，谓宽为李阿，因共呼之为李八百，而实非也。自公卿以下，莫不云集其门，后转骄贵，不复得常见，宾客但拜其外门而退，其怪异如此。

『于是避役之吏民，依宽为弟子者恒近千人，而升堂入室高业先进者，不过得祝水及三部符导引日月行气而已，了无治身之要、服食神药、延年驻命、不死之法也。

譯文 『另外还有一百多种的妖邪道派，那些道派都去杀生吃肉，只有一个李家道派不去做那些杀生之事，应该算是有所差别的。但是李家道派虽然不杀生吃肉，但是他们在供奉祭品时，不去限制供品的数量，买来的供品过于丰厚了，那些鲜美的食物，必须要买，因此有十多个人到厨房里去做，实在是太浪费了，他们这些都不应该算做是清静的节省，这些都是应该去禁止的。

『有人问道：李家的道派兴起在什么时候呢？我就回答说：吴国的孙权做君主的时候，蜀郡中有一个名叫李阿的人，他住在洞穴之中不吃那些谷物，传说世间有人看见过他，称李阿为「八百岁公」。如果别人去问他问题，他却不去回答，问他的人只要去看他的面部表情就能够知道是凶还是吉了。若是李阿面部出现欣喜之色时，那个人办事就会顺利；如果是悲戚的容颜时，那个人办事就不会顺利；若是李阿面部有笑容，去求的人就会有大的喜事；若是稍微的叹息，去求的人就会有深深的忧患。

『李阿的这些征兆，从来都没有失误过。后来李阿突然离去，谁也不知道他去了哪里。以后有一个名叫李宽的人，到了吴郡却说蜀郡的话，他能够用祝祷的水给人治病，很灵验，所以不论远近的人都很佩服他。公卿以下的人，全都拜在他的门下。后来李宽变得更加骄贵，而人们也不再能常见到他，那些拜服他的人只能在他家的外门参拜后就退下，竟然会出现这样的奇怪情况。

『从此，那些百姓和小吏为了逃避劳役而投在李宽的门下做徒弟的，有近千人，但是即使能够入室登堂，学有所成的先进的人，也只不过学到了李宽的祝祷水和他的三本符、导引之术、日月行气等而已，一点儿也没学到修身养性的要旨，也没有学到服食仙药灵丹、延长寿命、长生不死的道法。

原文

『吞气断谷，可得百日以还，亦不堪久，此是其术至浅可知也。余亲识多有及见宽者，皆云宽衰老羸悴，起止咳噫，目瞑耳聋，齿堕发白，渐又昏耗，或忘其子孙，与凡人无异也。然民复谓宽故作无异以欺人，岂其然乎？

『吴曾有大疫，死者过半。宽所奉道室，名之为庐，宽亦得温病，托言入庐斋戒，遂死于庐中。而事宽者犹复谓之化形尸解之仙，非为真死也。夫神仙之法，所以与俗人不同者，正以不老不死为贵耳。

『今宽老则老矣，死则死矣，此其不得道，居然可知矣，又何疑乎！若谓于仙法应尸解者，何不且止人间一二百岁，住年不老，然后去乎？天下非无仙道也，宽但非其人耳。

『余所以委曲论之者，宽弟子转相教授，布满江表，动有千许，不觉宽法之薄，不足遵承而守之，冀得度世，故欲令人觉此而悟其滞迷耳。

譯文

『不吃食物只吞食元气，那样可以保持一百天不死，但不能太长时间，因此说这些法术的浅薄是不言而喻的。我认识的人中，他们之中有很多人都见过李宽，他们都说李宽这个人非常瘦弱衰老，动不动就会咳嗽，耳聋眼花，头发也白了，牙齿也掉了，还昏聩无知，有时候把自己的子孙给忘记了，与平凡的人没有什么两样。可是那些百姓又说他是故意装做没有差别来欺骗别人，这难道是真的吗？

『吴郡这地方曾经发生过大的瘟疫，人死了一大半。李宽所修炼的道室被称为庐，而李宽自己也染上了瘟疫。他假装说进庐中去斋戒，却死在庐中。但那些信奉李宽的人却说李宽的形体变化了，他们说尸体化解的得道仙人，其实不是真正地死了。之所以神仙的法术与世俗之人不同，是因为他没以长生不老为贵。

『若是说老，李宽也老了；若说死，那么他也死了，这些事情足可以证明他并没有真正得道，又有什么可去怀疑呢？若说他的尸体化解是按仙法所示的，那么，为什么他不在世间留存一两百年，去留住年岁，不会变老，然后再离开世间呢？神仙之道在世间并非没有，只是李宽并不是神仙罢了。

『我为什么总是反复深入地评论他，那是因为现在李宽的弟子相互传授，已遍及江南一带，估计有一千多人，这些李宽的徒弟并没有觉察到他们的师傅法术浅薄，不值得为世人所遵守依奉和持守，以求得到超度和出世，因此我想让世人都能了解事情的真相，从迷惘滞留之中使自己醒悟。

原文

『天下有似是而非者，实为无限，将复略说故事，以示后人之不解者。

昔汝南有人于田中设绳罥以捕獐而得者，其主未觉。有行人见之，因窃取獐而去，犹念取之不事。其上有鲍鱼者，乃以一头置罥中而去。

『本主来，于罥中得鲍鱼，怪之以为神，不敢持归。于是村里闻之，因共为起屋立庙，号为鲍君。后转多奉之者，丹楹藻棁，钟鼓不绝。

『病或有偶愈者，则谓有神，行道经过，莫不致祀焉。积七八年，鲍鱼主后行过庙下，问其故，人具为之说。其鲍鱼主乃曰，此是我鲍鱼耳，何神之有？于是乃息。

『又南顿人张助者，耕白田，有一李栽，应在耕次，助惜之，欲持归，乃掘取之，未得即去，以湿土封其根，以置空桑中，遂忘取之。助后作远职不在。

『后其里中人，见桑中忽生李，谓之神。有病目痛者，荫息此桑下，因祝之，言李君能令我自愈者，谢以一豚。其目偶愈，便杀豚祭之。传者过差，便言此树能令盲者得见。

『远近翕然，同来请福，常车马填溢，酒肉滂沱，如此数年。张助罢职来还，见之，乃曰，此是我昔所置李栽耳，何有神乎？乃斫去便止也。

譯文

『天下那些似是而非的事情，实在是太多太多了，我再稍微说一下过去的事，告诉那些不理解的后人。在过去汝南郡有人在野外布置绳套来捕捉獐子。捉到以后，那个设索套的人却还没有发现。有个过路的人看见了，把那只獐子偷走，他准备离开时却想到，若是就这样拿走这只獐子是不成体统的。正好他自己带着干鱼，他就拿了一条放到那根绳索套上然后才离开。

『那个设置索套的人来了，却从绳套中得到一条干鱼，他认为这条鱼实在是太离奇了，又怀疑这条鱼是条神鱼，所以他不敢把鱼拿回家。而村子里的人听到这件事，就一起去建造房屋，建立起庙宇，被称为「鲍鱼」。到后来信奉者越来越多，庙中红柱画梁，钟鼓不绝。

『生病的人在偶然间病好了，他们就认为是真的有神仙，因此路过这座庙宇，都去祭祀。就这样过了七八年，放干鱼的那个人经过这个地方，就问这座庙宇的来历，人们就给他一一讲解。那放干鱼的人却说：「其实这条干鱼是我放上去的，哪里有什么神仙？」因此才算平息了。

『另外还有，南顿有个叫张助的人，他在耕种旱田的时候，在耕地的地方发现一株很小的李子树，张助感到若是砍掉太可惜了，想把它移植回家，因此就把这株李子树挖了出来，但因为不能立即离开，就把它的根部用湿土包起来，放到桑树林中，张助回家时却忘记了把这株小李子树取走。张助不久就到远方做官去了，离开本地。

『以后桑林中突然长出李树，被张助的同乡发现了，以为是神。恰好有一个生眼病的人在这片桑树林中乘凉休息，就顺口祈祷说：「李树您若是能使我的眼睛痊愈，我将会用一头小猪来感谢您。」恰巧他的眼睛痊愈了，于是这个人真的杀了一头小猪去祭祀。传话的人太过吹嘘了，说这棵李树能使瞎子重见光明。

『因此远近的人们都很信服，一起去向这棵李树乞求保佑，因此经常就会有车马来往，酒肉也众多，就这样过了好多年。张助辞官回来后，看见了这种情况，他就说：「这棵李树苗是我过去放置的，哪里会有什么神仙呢？」于是就把它砍掉了，这样祭祀才平息下来。

原文

『又汝南彭氏墓近大道，墓口有一石人，田家老母到市买数斤饼以归，天热，过荫彭氏墓口树下，以所买之饼暂著石人头上，忽然便去，而忘取之。行路人见石人头上有饼，怪而问之。

『或人云，此石人有神，能治病，愈者以饼来谢之。如此转以相语，云头痛者摩石人头，腹痛者摩石人腹，亦还以自摩，无不愈者。遂千里来就石人治病，初但鸡豚，后用牛羊，为立帷帐，管弦不绝，如此数年。忽日前忘饼母者闻之，乃为人说，始无复往者。

『又洛西有古大墓，穿坏多水，墓中多石灰，石灰汁主治疮，夏月，行人有病疮者烦热，见此墓中水清好，因自洗浴，疮偶便愈。

『于是诸病者闻之，悉往自洗，转有饮之以治腹内疾者。近墓居人，便于墓所立庙舍而卖此水。而往买者又常祭庙中，酒肉不绝。而来买者转多，此水尽，于是卖水者常夜窃他水以益之。其远道人不能往者，皆因行便或持器遗信买之。于是卖水者大富。人或言无神，官申禁止，遂填塞之，乃绝。

譯文

『还有，汝南郡有一个彭家墓靠近路边，墓口有一个石人，村里有一位老太婆到市集上买了几张饼准备回家。由于天太热，经过彭家墓的树下休息乘凉，把买来的饼放在石人头上，但她走时却忘了把饼拿走。石人头上有好几张饼被过路人发现，感到非常奇怪，想询问原因。

『有人就说：「这个石人是神仙，能够给人治病，被治好的病人就用这饼来感谢它。」

就这样传来传去，说：若是头疼的病人用手去摸一下石人的头，若是肚子痛的人就去用手摸一下石人的肚子，再去摸一下自己的相应的部位，所有的病没有不痊愈的。到后来那些人不远千里过来找石人治病，刚开始只用鸡和猪来祭祀，到后来却用牛、羊去祭祀，甚至还有的人为石人建立起帷帐，那些音乐管弦之声就不断了，就这样过了好多年。突然有一天，那位忘记拿饼的老妇人听说了这件事，是就向人们说清了原由，那些信奉的人们才没有再去。

『还有，在洛西有座很大的古墓，已破漏不堪，内有很多积水，在古墓中又有许多石灰，那石灰水能够治好疮疾。夏天，有一过路人生了疮，由于天太闷热，他看见古墓中的水很清澈，就跳进水中洗澡，过后他身上的疮疾就好了。

『那些有病的人听说了这件事，都去古墓中洗澡，有的还去喝石灰水治自己腹中的疾病。墓地附近的人家，就在古墓旁修了一座寺庙，卖古墓里的水。而那些去买古墓水的人就常常在庙宇里祭祀，酒肉不绝。从这以后来买古墓里的石灰水的人越来越多，就把古墓里的水用完了，而那些卖水的人就偷着把其他的水倒进古墓之中。那些住得远的人们不能去，为图方便派个信使去用器皿去买水带回去。因此那些卖水的人从中谋取了很多好处。有人说没有什么神，官府也明令禁止，把这座古墓填塞了，这样祭祀才算平息。

原文 『又兴古太守马氏在官，有亲故人投之求恤焉，马乃令此人出外住，诈云是神人道士，治病无不手下立愈。又令辨士游行，为之虚声，云能令盲者登视，躄者即行。于是四方云集，趋之如市，而钱帛固已山积矣。又敕诸求治病者，虽不便愈，当告人言愈也，如此则必愈；若告人未愈者，则后终不愈也，道法正尔，不可不信。

『于是后人问前来者，前来辄告之云已愈，无敢言未愈者也。旬日之间，乃致巨富焉。凡人多以小黠而大愚，闻延年长生之法，皆为虚诞，而喜信妖邪鬼怪，令人鼓舞祈祀。所谓神者，皆马氏诳人之类也，聊记其数事，以为未觉者之戒焉。』

或问曰：『世有了无知道术方伎，而平安寿考者，何也？』抱朴子曰：『诸如此者，或有阴德善行，以致福佑；或受命本长，故令难老迟死；或亦幸而偶尔不逢灾伤。譬犹田猎所经，而有遗禽脱兽；大火既过，时余不烬草木也。

譯文

『另外，有一个姓马的在兴古任太守时，他有个亲戚投在他的门下，乞求他的救济，这位马太守就让这个人居住在外面，造谣说这个人是得道仙人，治病可以药到病除。又有那些能说会道的人到处去游说，为这个人虚张声势，说他能使瞎子重见光明，能使跛子与常人一样行走。因此四面八方的人都聚集到他这里，就像赶集一样，这个人就成了暴发户，他的丝帛和钱财也堆积如山了。又去让那些求医的人，即使病没被治好也要对人说已被治好了，说只有去他那里治，病才会好；若是告诉别人没有好转的话，以后病就无法痊愈了，这是医道的规律，不能不去笃信它。

『于是那些以后来治病的人向以前被治过的人问他有没有被治愈，而以前来治病的人就告诉他已痊愈。由于没人敢说没被治愈，因此数日中，竟成为巨富。那些只有些小聪明却是大愚蠢的人，认为长生不死的法术都是虚假荒诞的，却偏偏喜欢相信那些鬼怪妖邪，让别人去击鼓跳神祈求祭祀。那些所谓的仙神，只不过是马太守之类骗子罢了，因此只暂时记载这几件事，用来提醒那些尚未醒悟者。』

有人问道：『有些世俗的人根本就不懂得那些道法方术，然而却能够平安长寿，这是为什么呢？』抱朴子回答说：『像这样的人，有的是因为阴德善事，以至有这些福分；有的是因为天降给他的命运本来就长，因此使他能够平安长寿；另外有的也许在偶然之间没有碰到那些灾祸罢了。就像是打猎一样，经过之处偶然也有被遗漏的鸟禽，逃脱的野兽；也如经过大火烧过之后，也会有没被烧光的草木一样。

原文

『要于防身却害，当修守形之防禁，佩天文之符剑耳。祭祷之事无益也，当恃我之不可侵也，无恃鬼神之不侵我也。然思玄执一，含景环身，可以避邪恶，度不祥，而不能延寿命，消体疾也。

『任自然无方术者，未必不有终其天年者也，然不可以值暴鬼之横枉，大疫之流行，则无以却之矣。

『夫储甲胄，蓄蓑笠者，盖以为兵为雨也。若幸无攻战，时不沉阴，则有与无正同耳。若矢石雾合，飞锋烟交，则知裸体者之困矣。洪雨河倾，素雪弥天，则觉露立者之剧矣。

『不可以荞麦之细碎，疑阴阳之大气，以误晚学之散人，谓方术之无益也。』

譯文 『重要的在于避免伤害、防护身体，应该去修炼那些持守形体的预防措施，去佩带天文的神符刀剑。那些祈祷祭祀的事情是没有用处的，应该去依持自己不可侵犯的法术，而不要去依持着那些鬼神不来侵犯自己。若是持守玄一之道，行分身之术，使影子环绕自己，就可以用它来避邪，安然无事，但是却不能够延长寿命，消灾除病。

『若是只听任自然，而没有道法方术，并不一定就不能终享天年，但是却无法去抵挡那些鬼怪的横行和那些大的瘟疫，若是遇到这些就会无法除灾了。

『凡是那些储备铠甲头盔的人，他们大都是用来预防战争和暴雨的。假如没有发生战争，也没有下雨，那么他们拥有了蓑衣和铠甲与那些没有拥有的人是没有什么两样的。但是若真的发生了战争，那么那些没有拥有铠甲的人就会知道裸露自己身体的困厄。没头笠蓑衣的人在遇到大雨倾盆、白雪纷飞时，就会知道没有穿蓑衣戴头笠的痛苦。

『因此人们不应该只用荞麦这个小例子，就去怀疑阴阳大气，从而却耽误了以后去学道的那些闲散的人，令他们怀疑道法方术没有什么用处。』

明本

原文 或问儒道之先后。抱朴子答曰：『道者，儒之本也；儒者，道之末也。先以为阴阳之术，众于忌讳，使人拘畏；而儒者博而寡要，劳而少功；墨者俭而难遵，不可遍循；法者严而少恩，伤破仁义。唯道家之教，使人精神专一，动合无形，包儒墨之善，总名法之要，与时迁移，应物变化，指约而易明，事少而功多，务在全大宗之朴，守真正之源者也。

『而班固以史迁先黄老而后六经，谓迁为谬。夫迁之洽闻，旁综幽隐，沙汰事物之臧否，核实古人之邪正。其评论也，实原本于自然，其褒贬也，皆准的乎至理。不虚美，不隐恶，不雷同以偶俗。

『刘向命世通人，谓为实录；而班固之所论，未可据也。固诚纯儒，不究道意，玩其所习，难以折中。夫所谓道，岂唯养生之事而已乎？《易》曰：立天之道，曰阴与阳；立地之道，曰柔与刚；立人之道，曰仁与义。

『又曰：《易》有圣人之道四焉，苟非其人，道不虚行。又于治世隆平，则谓之有道；危国乱主，则谓之无道。又坐而论道，谓之三公，国之有道，贫贱者耻焉。

譯文 有人问儒家和道家，谁先谁后。抱朴子回答说：『儒家的根本是道家；道家的枝末是儒家。若说到阴阳之道，有诸多的忌讳，不仅让人受拘束而且还畏惧；然而儒家学派虽然博学但是很少有要点，虽然辛苦劳累但收效很小；墨家学派虽然节俭，但是很难去遵循，不能够去完全照办；法家学派虽然严厉，但是恩德很少，能使仁义道德被伤害。因此只有道家学派的教化，能使人精神专一，在行动分合方面没有什么形迹，所以道家既包含着墨家、儒家的优点，也概括了法家、名家的要旨，能随着时势而演变，也可伴随着事物而变化。道家的要点简约，很容易理解，而事务虽很少，但功效却很多，致力于保 全大宗的朴素，坚守纯真的本原。

『司马迁把黄帝、老子的学说放在前面，把儒家六经放在后面，因此班固就认定司马迁是错误的。司马迁博闻强识、全面综合精妙幽深的道理，淘汰事物的善恶，去核实古人的邪正。司马迁以自然为本去评论，他的褒贬，能够切中最为重要的道理。不去吹捧优点，也不去隐藏邪恶，不以雷同来取悦世俗。

『一向博学的刘向都认为司马迁的著作是实情记录；因此班固对司马迁的评论不可作为凭据。班固的确是个纯粹的儒家学者，他无法去深究道家意旨，只习惯在他所熟悉的学问里探究，因此他看问题很难公正。现在我所说的「道」字，它不仅仅是养生的内容，《易经》上说：「形成天的道，分为阴和阳两种；形成地的道，分成柔和刚两种；仁和义是人立身的道。」

『又说：「《易经》上记载着四种圣人之道。」若不是适当的人，那么道就不会轻易显现。另外还有兴旺而太平的世道，被称做「有道」；危急的国家、淫乱的君主就被称做「无道」。还有，坐在那里谈论道的，就被称为「三公」；若国家有道，那么那些贫贱的人就应该感到羞耻。

【原文】『凡言道者，上自二仪，下逮万物，莫不由之。但黄老执其本，儒墨治其末耳。今世之举有道者，盖博通乎古今，能仰观俯察，历变涉微，达兴亡之运，明治乱之体，心无所惑，问无不对者，何必修长生之法，慕松乔之武者哉？

『而管窥诸生，臆断瞽说，闻有居山林之间，宗伯阳之业者，则毁而笑之曰，彼小道耳，不足算也。嗟乎！所谓抱萤烛于环堵之内者，不见天光之焜烂；侣蛐虾于迹水之中者，不识四海之浩汗；重江河之深，而不知吐之者昆仑也；珍黍稷之收，而不觉秀之者丰壤也。今苟知推崇儒术，而不知成之者由道。

『道也者，所以陶冶百氏，范铸二仪，胞胎万类，酝酿彝伦者也。世间浅近者众，而深远者少，少不胜众，由来久矣。是以史迁虽长而不见誉，班固虽短而不见弹。然物以少者为贵，多者为贱，至于人事，岂独不然？

『故藜藿弥原，而芝英不世；枳棘被野，而寻木间秀；沙砾无量，而珠璧甚鲜；鸿隼屯飞，而鸾凤罕出；虺蜴盈薮，而虬龙希觌；班生多党，固其宜也。

【譯文】『由此可见，凡是论及到道的，在上就会有天、地，在下就会有万事万物，无所不包含。只有老子、黄帝才把持着根本，而儒家和墨家只去治理枝末而已。现在世人所称赞的有道之人，也只不过是些博古通今、知天文懂地理的人，他们历经变故，善于处理细微，知道那些兴旺的时运，明白太平与混乱的依据，他们内心没有疑惑，有问必答，那么这些人又何必去修炼长生不死的方术，又何必去羡慕赤松子和王子乔的那种生活方式呢？

『儒生们仅从小小的事例来窥探就主观判断，乱说一通，听说有的人效法老子的事业去居住在山林之中，就去诋毁嘲笑他们，说那只不过是渺小的道术而已，又能算得了什么？唉！这正像是在土墙之内拿着一只萤烛，却看不到灿烂的天光；在足迹坑里的水中与小鱼小虾为伴，却不知道四海的浩瀚无际；也好像是只看到江河的深邃，但却不知道发源它们的是高峻的昆仑；虽然重视黍稷的收获，但却不知道是丰厚的土壤才养育了它们。虽然知道推崇儒术，但却并不知道它们是道家形成的。

『所谓道，就是陶铸百家、形成天地、生育万物、酝酿规律。世间有很多浅薄短见的人，见识深远的人却很少，像这样寡不敌众已是由来已久的事了。因此司马迁虽说是正确的，但却并没有被世人所称誉；班固虽说见解低而不被批评。但是各种东西因为多而贱，因为稀少而贵重，即使反映在人类的事情上，难道不也是如此吗？

『灵芝不显于世是因为藜藿满地都是；若是荆棘蔽野，那么乔木只能偶尔挺拔；沙粒太多了，玉璧、珍珠就会特别少；鹰雁聚飞，那会使凤凰很少出现；蜥蜴与蛇遍布沼泽，就会使虬龙难得出现；应和班固的人很多，确实是有一定的道理。

【原文】『夫道者，内以治身，外以为国，能令七政遵度，二气告和，四时不失寒燠之节，风雨不为暴物之灾，玉烛表升平之征，澄醴彰德洽之符，焚轮虹霓寝其祆，穨云商羊戢其翼。

『景耀高照，嘉禾毕遂，疫疠不流，祸乱不作，堑垒不设，干戈不用，不议而当，不约而信，不结而固，不谋而成，不赏而劝，不罚而肃，不求而得，不禁而止，处上而人不以为重，居前而人不以为患，号未发而风移，令未施而俗易，此盖道之治世也。

『故道之兴也，则三五垂拱而有余焉。道之衰也，则叔代驰骛而不足焉。夫唯有余，故无为而化美。夫唯不足，故刑严而奸繁。黎庶怨于下，皇灵怒于上。或洪波横流，或亢阳赤地，或山谷易体，或冬雷夏雪，或流血漂橹，积尸筑京，或坑降万计，析骸易子，城愈高而冲愈巧，池愈深而梯愈妙，法令明而盗贼多，盟约数而叛乱甚，犹风波骇而鱼鳖扰于渊，纤罗密而羽禽躁于泽，豺狼众而走兽剧于林，爨火猛而小鲜糜于鼎也。

【译文】『所谓道，就是对内可以修养自身，对外可以治理国家时政。道能够使日月五星遵循法度，阴阳二气也能表现出中和，四季也不会违反冷暖的时节，风雨也不会去残害万物。四季和顺，是太平盛世的征兆；而甘泉醴水，是表彰那些德行的象征，焚轮虹霓中没有妖气，不会兴起暴风乌云，商羊鸟也会收敛起它的羽翼。

『艳阳高照，嘉禾旺盛，断绝瘟疫，祸乱也不会发生，无须去设置沟堑堡垒，不必使用盾牌和戈戟，无须去争议就可以达到恰当，守信却不必约定，不用去结盟就会牢固，不必计划就会成功，不去奖赏就得到鼓舞，不去处罚却会整肃，不去追求却会得到收获，不去禁令却能得到终止，身居高位时，人们不会认为权势太重，处在前面的时候，人们却不会认为那是忧患；还没发出号令，风气就变化；习俗在法律还未施行时就改变。这大概就是道治理社会的效果。

『所以，当道兴起时，三皇五帝做事毫不费力。当道衰落时，末世之人忙忙碌碌还没效果。正因为有余力，所以不用做什么但教化美满。正因为不足，所以虽然刑罚严厉但邪恶依然繁多。老百姓在下边抱怨，皇天在上边发怒。要么洪波横流；要么炎阳炽热，赤地千里；要么山谷震动；要么冬天打雷、夏天下雪；要么血流成河，可以漂起船桨；要么堆积的尸体可以筑起高岗；要么数以万计的士卒被坑杀，剖开骨骸当柴火，交换孩子当食物，城墙越高，攻墙工具越巧，护城河越深，云梯越妙；法令严明，但盗贼更多；盟约频繁，但叛乱更厉害，好像风波惊骇，鱼鳖在深潭中受到干扰；网罗细密，鸟儿在水泽边惊叫；豺狼众多，野兽在森林中急奔；猛烈的炊火使得小鱼在锅鼎中碎烂。

原文 『君臣易位者有矣，父子推刃者有矣，然后忠义制名于危国，孝子收誉于败家。疾疫起而巫医贵矣，道德丧而儒墨重矣。由此观之，儒道之先后，可得定矣。』

或问曰：『昔赤松子、王乔、琴高、老氏、彭祖、务成、郁华皆真人，悉仕于世，不便遐遁，而中世以来，为道之士，莫不飘然绝迹幽隐，何也？』

抱朴子答曰：『曩古纯朴，巧伪未萌，其信道者，则勤而学之，其不信者，则嘿然而已。

『谤毁之言，不吐乎口，中伤之心，不存乎胸也。是以真人徐徐于民间，不促促于登遐耳。末俗偷薄，雕伪弥深，玄淡之化废，而邪俗之党繁，既不信道，好为讪毁，谓真正为妖讹，以神仙为诞妄，或曰惑众，或曰乱群，是以上士耻居其中也。

『昔之达人，杜渐防微，色斯而逝，夜不待旦，睹几而作，不俟终日。故赵害鸣犊，而仲尼旋轸，醴酒不设，而穆生星行；彼众我寡，华元去之。况乎明哲，业尚本异，有何恋之当住其间哉？

『夫渊竭池漉，则蛟龙不游，巢倾卵拾，则凤凰不集，居言于室，而翔鸥不下，凡卉春翦，而芝蓂不秀，世俗丑正，慢辱将臻，彼有道者，安得不超然振翅乎风云之表，而翻尔藏轨于玄漠之际乎？

譯文

『国君臣子地位互交的情况出现了，也有了父子同室操戈的情形，然后，在危急的国度中忠义得到称誉，在破败的家中孝子受到表扬。巫医在瘟疫兴起时发横财，儒家、墨家在道德沦丧时受重视。儒家道家的先后，从这点来看，可以得到确定了。』

有人问：『过去，赤松子、王子乔、琴高、老聃、彭祖、务成、郁华这些得道的真人，他们并不立即远远遁世，都在世上做过官，但中古以后，修炼道术的人没有不悠然绝迹于人世隐居起来的，这是为什么呢？』抱朴子回答说：『上古的人纯朴，还没有产生取巧虚伪的心理，相信道术的人，勤奋地学习道术，不信道术的人，只是默不作声而已。

『说不出诽谤诋毁的言辞，胸中不存在相互中伤的心理。所以，真人在民间从容不迫，不必急匆匆地登天远去。末世的风俗变得轻薄起来，虚伪之风盛行，废弃了玄秘淡泊的教化，而邪恶庸俗的朋党增多，他们既不相信道术，又喜欢互相诋毁，认为真正的道是妖邪谎言，神仙是荒诞虚妄，有的说是迷惑百姓，有的说是扰乱群众，所以上等士人以同修道者居住在一起为耻辱。

『过去通达之士小心谨慎，见不好的颜色就退隐，半夜就不等到早晨，看到征兆就行动，不会等到一整天。因为赵国害死鸣犊，孔子赶紧回车归去，还没设置甜酒，穆生就披星戴月而行；说坏话的人多，说真话的人少，华元离去。何况明智的哲人认为所从事的事业和所崇尚的理念本来与凡人就有差异，没有什么值得留恋的，不一定要居住在他们中间。

『深渊枯竭，水池干涸，蛟龙就无法游动；巢塌卵落凤凰就不会聚集；在房子中说要捕取乌，飞翔的鸱鸟再不会落下；灵芝和冥荚不会抽穗开花；世俗之人以正确为丑恶，傲慢和侮辱就会接踵而来。那些拥有道术的人，怎能不超然翱翔在云淡风轻之上，幡然隐迹于渺远荒漠之中呢？

原文 『山林之中非有道也，而为道者必入山林，诚欲远彼腥膻，而即此清净也。夫入九室以精思，存真一以招神者，既不喜喧哗而合污秽，而合金丹之大药，炼八石之飞精者，尤忌利口之愚人，凡俗之闻见，明灵为之不降，仙药为之不成，非小禁也，止于人中，或有浅见毁之有司，加之罪福，或有亲旧之往来，牵之以庆吊，莫若幽隐一切，免于如此之臭鼠矣。彼之邈尔独往，得意嵩岫，岂不有以乎？

『或云：上士得道于三军，中士得道于都市，下士得道于山林，此皆为仙药已成，未欲升天，虽在三军，而锋刃不能伤，虽在都市，而人祸不能加，而下士未及于此，故止山林耳。不谓人之在上品者，初学道当止于三军都市之中而得也，然则黄老可以至今不去也。』

或问曰：『道之为源本，儒之为末流，既闻命矣，今之小异，悉何事乎？』

抱朴子曰：『夫升降俯仰之教，盘旋三千之仪，攻守进趣之术，轻身重义之节，欢忧礼乐之事，经世济俗之略，儒者之所之务也。

译文 『学习道术的人一定要进入山林，并不是山林中有什么道术，而是想远离那膻腥腐臭的地方，走向清静幽雅之处。那些人进入秘室去修养精神，保存本性来招呼神仙，不喜欢在喧嚣的世俗中与世人同流合污，而那些炼制灵丹妙药、熔出八石飞精的人，就更避忌卖弄唇舌的愚笨者。凡俗之人的所见所闻，造成神仙不降临，因此炼不成仙药，这不是小的禁忌，留在人间，可能会有见识短浅的人到官府去诽谤，把罪责强加在他们身上；可能会有亲朋好友的往来，用庆贺慰问来打扰他们，还不如隐身归去，免于这些繁文缛节。他们独来独往，在高山中得到真趣，难道不是很有道理吗？』有人说：上等道士是仙药已炼成，还不想升天的人，在三军中获得道术，虽然身在军队中，但刀剑不能伤害；虽然在都市，但人祸不能侵害。但下等士人在山中止息，是因为他们还达不到这种境界。而不是说上等的人，或初学道的人应当留在军队、都市中获得道术。这样理解了，黄帝老子的学问至今也可以不废弃了。』

有人问道：『道家是源泉、树根，儒家是枝末、支流，这一点，我已经相信了，那么，现在两家的小差异，都是些什么情况呢？』抱朴子说：『儒生们所从事的是登上步下，俯身仰头的教化，无穷无尽周旋的礼仪，进取退守的规范，把自身看轻，将道义看重的气节，按礼乐制度或喜或忧的规定，经营世事，赈济世俗的方略。

原文 『外物弃智，涤荡机变，忘富逸贵，杜遏劝沮，不恤乎穷，不荣乎达，不戚乎毁，不悦乎誉，道家之业也。

『儒者祭祀以祈福，而道者履正以禳邪。儒者所爱者势利也，道家所宝者无欲也。儒者汲汲于名利，而道家抱一以独善。儒者所讲者，相研之簿领也。道家所习者，遣情之教戒也。

『夫道者，其为也，善自修以成务；其居也，善取人所不争；其治也，善绝祸于未起；其施也，善济物而不德；其动也，善观民以用心；其静也，善居慎而无闷。此所以为百家之君长，仁义之祖宗也，小异之理，其较如此，首尾污隆，未之变也。』

或曰：『儒者，周孔也，其籍则六经也，盖治世存正之所由也，立身举动之准绳也，其用远而业贵，其事大而辞美，有国有家不易之制也。

『为道之士，不营礼教，不顾大伦，侣狐貉于草泽之中，偶猿猱于林麓之间，魁然流摈，与木石为邻，此亦东走之迷，忘葵之甘也。』

譯文

『道家的事业是将万物都看成身外之物，抛弃智慧，排除并洗涤机变，忘却并放弃富贵，杜绝劝勉，遏止沮丧，不因为仕途不畅就忧虑不堪，不因为显达而感到荣耀，不因为被诋毁而感到伤感，不由于美誉而喜悦。

『儒生用祭祀的方法来祈求福佑，而道术以符合天地规律来攘除邪恶。儒生所喜爱的是世俗权力，道士所珍惜的是没有私心、没有欲念。儒生斤斤计较于名誉利益，道士抱定本性独自体会善行。儒生所讲习的是相互切磋的典籍，道士所诵读的是禁戒放遗情怀的教义。

『道这个东西，当它有所作为时，善于自我修养而成就事业；当它隐藏时，善于在人们不争斗时取得别人得不到的东西；当它治国时，善于在灾祸未发生时消灭它；当它施行时，善于救济万物而不彰显德行；当它运动时，善于用心智体察民情；当它安静时，善于谨慎而不觉烦闷。道家之所以成为诸子百家的君长、仁义的祖宗就是这个道理。儒道两家略有差异的地方大致就如此，无论怎样评头论足，谈高论低，也是无法改变它们的差异。』

有人说：『周公、孔子是儒家的始祖，「六经」是儒家的经典，是治理世事、保存正道的必由之路，是立身之本，举手投足的准绳，它的用处宏远而且功业可贵，它的事业宏大并且言辞华美，是治理并拥有国家不可代替的制度。

『追求道术的人，不遵守礼教，不顾及伦理，与狐貉为伴宿在草泽之中，在森林、山麓中与猿猴为友，弃绝世间孤孤单单的样子，树木山石成为他的邻居，这也是仿效别人东奔西跑的荒唐举动，忘记了家园中葵藿的甘甜。』

原文

抱朴子答曰：『摛华骋艳，质直所不尚，攻蒙救惑，畴昔之所餍，诚不欲复与子较物理之善否，校得失于机吻矣。然观孺子之坠井，非仁者之意，视瞽人之触柱，非兼爱之谓耶？又陈梗概，粗抗一隅。

『夫体道以匠物，宝德以长生者，黄老是也。黄帝能治世致太平，而又升仙，则未可谓之后于尧舜也。老子既兼综礼教，而又久视，则未可谓之为减周孔也。故仲尼有窃比之叹，未闻有疵毁之辞，而末世庸民，不得其门，修儒墨而毁道家，何异子孙而骂詈祖考哉？

『是不识其所自来，亦已甚矣。夫侏儒之手，不足以倾嵩华，焦侥之胫，不足以测沧海；每见凡俗守株之儒，营营所习，不博达理，告顽令嚣，崇饰恶言，诬诘道家，说糟粕之滓，则若睹骏马之过隙也，涉精神之渊，则沦溺而自失也。

『犹斥鷃之挥短翅，以凌阳侯之波，犹苍蝇之力驽质，以涉眴猿之峻，非其所堪，只足速困。然而喽喽守于局隘，聪不经旷，明不彻离，而欲企踵以包三光，鼓腹以奋雷灵，不亦蔽乎？盖登旋玑之眇邈，则知井谷之至卑，睹大明之丽天，乃知鷂金之可陋。

譯文 抱朴子回答：『铺陈华丽，竞相争艳，这是本质朴实的人所不崇尚的；消除蒙昧，解决困惑，这是古代的人们所满足的。我实在不愿与您计较事物道理的好坏，逞口舌之快来评价成败得失。仁者的本意并不是看小孩落入井中；博爱者的思想也不是看瞎子触在柱子上。只是再次陈述事情的梗概，粗略地交谈一点看法。

『黄帝老子这种人因为体察规律而创成万物，以道德为宝而追求长生。黄帝能够治理天下并带来太平，然后成仙，就不能够说他不如尧舜。老子既综合礼教，又能够永不衰老，就不能够认为他比不上周公、孔子。所以说孔子有「私下与老子、彭祖相比」的感叹，没有听说过有一点诋毁的言辞，但是在世道衰落之时的平庸百姓们，找不到途径，修习了儒家、墨家却来诋毁道家，这无异于当着子孙的面来咒骂祖宗。

『这些人不知道其学说的由来，也太过分了。侏儒的手臂不足以围着量嵩山、华山；焦侥的小腿，不足以测量沧海；我每每见到世俗中那些守株待兔的儒生，来往周旋于熟悉的儒术，不博学通理，告诉了他们就狂妄，不告诉他们又愚蠢，他们崇尚经过修饰的坏话，诬蔑斥责道家，说起糟粕渣滓，就好像看到骏马从门缝中越过一般，涉足精神的深渊，就沉溺而自行消亡。

『犹如斥鷃振动短小的翅膀，要凌越阳侯神的滚滚波涛，又好像苍蝇凭着羸弱的体质，要越过使猿猴头晕目眩的峻岭，这不是它们所能胜任的，只会加速困厄。然而，那些人啰啰嗦嗦、保守狭隘，赶不上师旷的耳力，不及离朱的视力，却想翘起脚跟就囊括日月星辰，敲击腹部就激起雷鸣一样，那目光岂不是太短浅了吗？大致说来，登上浩渺的星际，才知道天井、山谷是最低下的，看见日月依附在天空，才懂得鹔鹴羽毛的金色是浅陋的。

原文

『吾非生而知之，又非少而信之，始者蒙蒙，亦如子耳，既观奥秘之弘修，而恨离困之不早也。五经之事，注说炳露，初学之徒，犹可不解。岂况金简玉札，神仙之经，至要之言，又多不书。

『登坛歃血，乃传口诀，苟非其人，虽裂地连城，金璧满堂，不妄以示之。夫指深归远，虽得其书而不师受，犹仰不见首，俯不知跟，岂吾子所详悉哉？『夫得仙者，或升太清，或翔紫霄，或造玄洲，或栖板桐，听钧天之乐，享九芝之馔，出携松、羡于倒景之表，入宴常、阳于瑶房之中，曷为当侣狐貉而偶猿狖乎？所谓不知而作也。『夫道也者，肖遥虹霓，翱翔丹霄，鸿崖六虚，唯意所造。魁然流摈，未为戚也。牺腨聚处，虽被藻绣，论其为乐，孰与逸麟之离群以独往，吉光坼偶而多福哉？』

譯文『其实我自己并不是天生就懂得道，也不是从小就相信它，一开始的时候我蒙昧无知，也正像您这样，等我看到了深奥的、宏大的修炼目标，才遗憾没有早一点儿摆脱困惑。「五经」所记述的事情，注释阐说得浅显明白，初学者尚且不能够理解，又更何况是记载神仙最重要言论的黄金简策、玉石札片这些呢？

『只有登上神坛，歃血为盟才能把没有诉诸文字的东西以口诀的形式传授。如果他不是合适的人，即使是割地连城，金璧满堂，也不随便教给他们。其意旨深远，即使拿到书而没有老师传授，也好比是抬头看不见头顶，低头看不到脚跟，哪里是您所能完全了解的呢？

『求得仙道的人，有的升入太清仙境，有的翱翔在紫霄天庭，有的来到玄洲，有的栖身板桐山，欣赏天堂的音乐，享用各种灵芝的佳肴，外出时，携着赤松子、羡门子升到最高的天际；进家时，在琼瑶仙宫之中设宴招待平常生、陵阳子明。怎么能说是与孤貉为伴，与猿猴为友呢？这正是不了解才说的。

『得道的境界，逍遥在虹霓里，翱翔在红霞间，与仙人鸿崖在四方上下漫游，随心所欲，无所不至。孤单单地远离人世，也不算悲戚。作为祭祀的猪聚集在一起，披着彩绣，但评价它们的乐趣，哪里赶得上自由的麒麟离开群体而独自往来，神兽吉光离开伴侣却有很多福佑呢？』

图书在版编目（CIP）数据

道德经全集 /（春秋）老子著 ；《国学国艺必读丛书》编委会释译. -- 北京 ：北京联合出版公司，2015.5（2021.6重印）

（国学国艺必读丛书 / 李克主编）

ISBN 978-7-5502-5271-4

Ⅰ. ①道… Ⅱ. ①老… ②国… Ⅲ. ①道家②《道德经》－注释③《道德经》－译文 Ⅳ. ①B223.14

中国版本图书馆CIP数据核字（2015）第102864号

道德经全集

项目策划　智品天下图书（北京）有限公司

地　　址　北京市朝阳区建外SOHO西区15号楼1层1515号，邮编：100022

责任编辑　王　巍

出版发行　北京联合出版公司

地　　址　北京市西城区德外大街83号楼9层，邮编：100088

印　　刷　唐山楠萍印务有限公司

经　　销　各地新华书店发行

开　　本　二一〇×二八五毫米　十六开

印　　张　四十二

版　　次　二〇一五年六月第一版　二〇二一年六月第七次印刷

标准书号　ISBN 978-7-5502-5271-4

定　　价　二百一十八元（全四册）